AF559323

Volker Bach

Landsknecht-Kochbuch

Zauberfeder Verlag, Braunschweig, Germany

Volker Bach
Landsknecht-Kochbuch

2. Auflage 2026

Text: Volker Bach
Lektorat: Stephan Naguschewski
Food-Styling: Tino Kalning
Fotos: Jens Christoph, mit Ausnahme der unter Einzelbildnachweise genannten
Art Direktion: Christian Schmal
Satz und Layout: Heike Philipp, Christian Schmal
Verlag: Zauberfeder GmbH, Witzlebenstr. 2, 38116 Braunschweig, Deutschland, info@zauberfeder.de
Druck und Bindung: Dardedze hologrāfija SIA, Riga

Einzelbildnachweise
acrogame (Adobe Stock): Daniel Hopfer (16. Jahrhundert), Seite 3 • Marc Andryuk, Seite 5 • acrogame (Adobe Stock): Hans Sebastian Beham (1592), Seite 6–7 • acrogame (Adobe Stock): Daniel Hopfer (16. Jahrhundert), Seite 10 • Marion McNealy: Lukas Cranach d Ä. (1542), Seite 13, 15, 20, 32 • Marion McNealy: Erhard Schoen (1535), Seite 17 • Tatjana Junker, Seite 18 • Thomas Rebel, Seite 22, 27, 30, 46, 108 • Liam Quin (DeviantArt), Seite 148.

Printed in Latvia
ISBN: 978-3-96481-012-0
www.zauberfeder.de

Volker Bach

Landsknecht Kochbuch

Zauberfeder

Inhaltsverzeichnis

Vom Essen und Trinken der Landsknechte

Warum ein Landsknechtkochbuch?

Von Landsknechten haben wir alle eine recht klare Vorstellung. Zeitgenössische Künstler haben sie immer wieder abgebildet, papageienbunt in ihren geschlitzten und ausgestopften Gewändern, muskulös, aggressiv und wild. Das populäre Liedgut tut ein Übriges: Wer in einschlägigen Streamingdiensten nach Landsknechtliedern sucht, findet schnell mitreißende Stücke, die von Schlacht und Sieg, von männerbündischer Kameradschaft und Verachtung alles bürgerlich Zivilen handeln. Dieses Bild hat sich in der Traditionspflege fest etabliert, aber mit der Realität hat es wenig zu tun. Vor allem die Liedtexte stammen meist aus dem frühen zwanzigsten Jahrhundert. Als Albert Meinhardt 1979 eine Sammlung von Liedern veröffentlichte, die in Quellen des sechzehnten Jahrhunderts überliefert waren, zeigten diese ein ganz anderes Bild. Hier ging es um die Leiden und Freuden des Alltags, um Kampf und Kriegsbeute, aber auch um Kälte, Hunger und Armut und immer wieder um Essen und Trinken: um kühlen Wein, gebratene Hühner, Schweinebraten, Eier und Specksuppe und um die ungeliebte Bauernspeise, der man durch den Kriegsdienst zu entkommen suchte.

Beim Bauren muß ich dreschen / muß essen saure Milch / beim König trag ich volle flaeschen / beim Bauren einen groben Zwilch.

Das ist für manche Leser zunächst bestimmt ein ungewohnter Gedanke, aber unsere Quellen zeigen deutlich, dass Landsknechte gutes und reichliches Essen schätzten. „Hart ligen für gute Speiß" ist eine Beschreibung ihres Lebens im *Lied von der Kriegsleut Orden* (Meinhardt 9), und in einem Spottlied über die Schlacht von Dornach 1499 rühmen sich die in Essensdingen eher bescheidenen Schweizer, ihre Gegner beim Kochen überrumpelt zu haben. Der Militärschriftsteller Leonhart Fronsperger (nicht mit dem Feldherrn Georg von Frundsberg zu verwechseln) schreibt, dass ein Kommandant besonders darauf achten muss, seine Truppen ausreichend zu verpflegen, weil sonst großer Widerwillen und Meuterei zu erwarten seien (Fronsperger CLVII v). Aber auch dafür waren Landsknechte ja ohnehin berüchtigt. In diesem Buch geht es also um die Landsknechte und ihre Welt, besonders aber um das Essen, das sie sich mit ihrem harten und gefährlichen Leben verdienen wollten.

Darüber, was genau ein Landsknecht war oder nicht war, ist viel geschrieben worden. Für uns sind diese detaillierten Abgrenzungen nicht wichtig. Das Wort selbst ist zeitgenössisch. Es beschrieb deutsche (also nicht schweizerische) Fußsoldaten, die freiberuflich, ohne dauernde Anstellung bei einem Fürsten oder einer Stadt, gegen monatlichen Sold ins Feld zogen. Die Entlohnung war vergleichsweise hoch, aber Landsknecht zu sein war keine dauerhafte Berufsperspektive, und viele von ihnen gingen zurück in ihre zivilen Berufe, wenn „der Krieg ein Loch hatte" und gerade kein Bedarf an Söldnern bestand. Andere verbrachten diese Zeit, besonders im Winter, mit Betteln oder Raub. Wenn die Werber wieder zu einer Musterung aufriefen, fanden sich Landsknechte mit ihrer Ausrüstung ein, um dem Heer beizutreten.

Landsknecht war aber auch eine Selbstbeschreibung. Wer Landsknecht war, gehörte einer Welt an, die von eigenen Regeln, Traditionen und Gesetzen geprägt war, nicht unähnlich der von Seeleuten. Sie war männlich dominiert (wenn auch, wie wir sehen werden, keineswegs eine Männergesellschaft) und gewalttätig, aber alles andere als regellos. Landsknechte hatten eine eigene Gerichtsbarkeit und gewählte Vertreter, die ihre Interessen vor den Offizieren wahrnahmen. Sie waren bekannt dafür, ihren Unwillen deutlich kundzutun und sogar vor entscheidenden Kampfeinsätzen durch Streik höhere Besoldung zu erzwingen. Das Wort landsknechtisch beschrieb ihre Einstellung für Zeitgenossen sehr klar: ein ausgeprägtes Selbstbewusstsein, empfindlicher Stolz, Freude an der Selbstdarstellung, Risikobereitschaft und eine Neigung zum Exzess in Kleidung, Alkohol und Essen. Das macht sie als Sujet für die Küche ebenso interessant wie für die Schneiderei.

Der Blick spezifisch auf Landsknechte bedeutet allerdings nicht, dass dies ausschließlich ein Landsknechtkochbuch ist. Landsknechte waren immer Teil einer größeren Welt. Sie hatten Familien, Heimatorte und oft bürgerliche Berufe, deren Gebräuche sie geprägt hatten. Die Essgewohnheiten Deutschlands im sechzehnten Jahrhundert waren auch ihre, und nur, wenn wir diese verstehen, können wir hoffen, ihre kulinarische Welt zu rekonstruieren. Sie teilten diese immer mit anderen: mit Dienern an Fürstenhöfen, deren großzügige Ernährung und Bekleidung den Status ihrer Herren reflektierten, einer unsteten Bevölkerung von Fahrenden aller Art und natürlich den anderen Mitgliedern ihrer Heere, den Reitern, Artilleristen, Marketendern, Trossfrauen und Schaufelbauern. Ein eigenes Gepräge bekam diese Welt vor allem durch die Bedingungen, unter denen die Landsknechte lebten.

Das Landsknechtheer

Aus dem sechzehnten und siebzehnten Jahrhundert sind uns viele Beschreibungen der Kommandostruktur von Landsknechtheeren überliefert. Weniger klar ist, ob sie die Realität abbilden oder nur das Wunschdenken ihrer Befehlshaber beschreiben. Selbst wenn wir Abstriche machen, ist es allerdings klar, dass eine große Armee viel Organisation erforderte. Zwar waren Landsknechte so etwas wie selbstständige Kriegshandwerker, die ihre eigene Bewaffnung mitbrachten oder kauften und für ihre Versorgung selbst zuständig waren, aber die schlichte Tatsache, dass Tausende oder Zehntausende von ihnen an einem Ort zusammenkamen, machte eine systematische Versorgung und Verwaltung nötig.

Die Landsknechte, bewaffnet mit Spießen und Hellebarden, Armbrüsten und Hakenbüchsen, waren neben Artillerie und Kavallerie immer nur ein Teil des gesamten Heeres. Sie unterstanden ihrem Obristen, der sie eingestellt hatte und bezahlte. Der Obrist war Vertragspartner des Krieg führenden Fürsten und erhielt seinerseits monatliche Zahlungen, mit denen er seine Truppen unterhielt. Dem Obristen unterstanden die Hauptleute der Fähnlein, Untereinheiten von mehreren Hundert Mann, und die Offiziere der Landsknechttruppe: der Schultheiß, dem die Gerichtsbarkeit oblag, der Profoss, zuständig für die Ordnung im Lager, und der Tross- oder Hurenwaibel, verantwortlich für den zivilen Tross. Größere Heere hatten oft zusätzlich weitere Ämter wie Proviantmeister und Quartiermeister. Alle Offiziere bekamen neben einer großzügigen Besoldung Geld für ein persönliches Gefolge, zu dem auch ein Koch gehörte.

Innerhalb des Fähnleins waren die Landsknechte in Rotten organisiert, die zwischen sechs und zehn Mann zählten. Wir wissen über diese Strukturen recht wenig, weil sie in eigener Verantwortung geführt wurden. Die Männer fanden sich selbstständig zusammen und wählten ihren Rottmeister, Rotten wurden gemeinsam einquartiert, teilten sich teilweise Tragtiere oder Trosswagen und verpflegten sich wahrscheinlich zumindest zum Teil auch gemeinsam. Eine solche Haushaltsführung wäre sinnvoll, wird aber nicht ausdrücklich erwähnt. Die Knechte des gesamten Fähnleins wählten als ihren Vertreter den Gemeinwaibel, der ihre Interessen gegenüber dem Hauptmann und seinem Feldwaibel wahrnahm. Ein solches Maß an demokratischer Selbst- und Mitbestimmung hat es in der Armee historisch selten gegeben.

Neben den Knechten selbst gehörte ein umfangreicher Tross zu jedem Landsknechtheer. Er bestand aus dem Gepäck der Offiziere und, soweit vorhanden, der Soldaten, aus den für Schanzarbeiten und andere niedere Dienstleistungen angeworbenen Schaufelbauern, aus Soldatenfrauen und aus Zivilisten, die das Lager und den Markt versorgten. Da es im Unterschied zum modernen Militär keine zentrale Verpflegung, Ausrüstung und Unterkunft gab, waren die Landsknechte auf diese Dienstleistungen angewiesen. Zivile Marktbeschicker,

Schmiede, Schneider, Schuster, insbesondere aber Lebensmittelhändler und Köche, denen wir uns weiter unten detailliert widmen, versorgten sie über den Lagermarkt. Auch ein Heer, das ausreichend Wagen für alles Gepäck zu Verfügung hatte – keineswegs der Regelfall – konnte unter diesen Umständen nicht schnell marschieren. Die wirtschaftliche Flexibilität, die ein rein auf kurzfristigen Verträgen aufgebautes Militär seinen Arbeitgebern bot, wurde mit umständlicher Organisation und Ressourcenverschwendung bezahlt.

Eine weitere unverzichtbare Gruppe waren die Frauen, die die Truppe begleiteten, in zeitgenössischen Quellen oft schlicht Huren genannt. Das ist ein Beispiel dafür, dass sich die Bedeutung und die Assoziation von Wörtern über die Zeit verändert haben. Auf keinen Fall waren diese Huren sämtlich Prostituierte, auch wenn manche Zeitgenossen das annahmen. Viele lebten in offiziell nicht anerkannter Ehe mit einem Soldaten, andere verkauften Bier oder Branntwein und wuschen und reparierten Kleidung. Sicher gab es auch

Nachfrage für Prostitution, aber die Hauptbeschäftigung der Huren war sie gewiss nicht. Soldatenfrauen waren vor allem Stütze ihrer Männer im Alltag. Eine Beschreibung aus den Türkenkriegen hält fest, dass sie auf dem Marsch neben ihrem eigenen Bedarf Kleidung und Schuhe, Mantel, Zeltplane, Pfanne, Kochtopf und Schüsseln sowie am Weg eingesammeltes Brennholz auf dem Rücken trugen. Im Lager oder Quartier waren sie mit Waschen, Flicken und Kochen beschäftigt, und sicher waren sie auch an den Plünderungen und Diebstählen beteiligt, für die alle Soldaten der Zeit berüchtigt waren.

Der Lagermarkt

Landsknechte erhielten eine traditionelle Besoldung von vier Gulden im Monat für „Sold, Kost und Schaden", wie es im Konstanzer Reichsabschied von 1507 heißt. Das bedeutete konkret, dass sie selbst dafür verantwortlich waren, ihre Ausrüstung instand zu halten, verlorene oder beschädigte Teile zu ersetzen und sich zu verpflegen. Die militärische Führung hatte mit einer großzügigen Bezahlung alle weitere Verantwortung abgegeben und der zivile Markt sollte die Versorgung übernehmen. In der Praxis funktionierte das allerdings nicht. Die Ressourcen in einer weitgehend bäuerlichen Gesellschaft waren auch in guten Jahren knapp und Transportwege wenig ausgebaut. Wo nicht gerade Seewege oder schiffbare Flüsse hinführten, musste Ware langsam und kostspielig auf Pferde- und Ochsenwagen oder Saumtieren transportiert werden. Lazarus von Schwendi, ein erfahrener Kommandeur, schrieb, dass allein um das Brot für eine große Armee zu transportieren, innerhalb von zehn Tagen 1.000 Transportwagen ins Lager kommen müssten (Frauenholz 266). Dies sind schwer vorstellbare Dimensionen, und eine logistische Leistung solchen Ausmaßes dem freien Markt zu überlassen, hätte den sicheren Misserfolg eines Feldzuges bedeutet. Je größer ein Heer, desto mehr wurde es nötig, hier nichts dem Zufall zu überlassen.

Ein Landsknecht bekam zwar keine Rationen ausgegeben, aber seine Kommandeure mussten trotzdem dafür sorgen, dass er nicht hungerte. Zeitgenössische Quellen geben Anhaltspunkte zur Berechnung der benötigten Mengen. Pro Person sind täglich zwischen ein und zwei Pfund Brot, ein bis eineinhalb Pfund Fleisch und großzügige Mengen Bier vorgesehen. Einige Autoren geben zusätzlich wöchentliche Mengen von Speck, Käse, Salz und Butter an. Sie sind ebenfalls großzügig bemessen, aber nicht unrealistisch. Diese Güter regelmäßig und vor allem an wechselnden Orten zur Verfügung zu stellen, konnte schon die Führung eines eher kleinen Heeres mit erheblichen Problemen konfrontieren. Effektiv war ein solches Heerlager eine mobile Mittel- oder Großstadt ohne die gewachsene Infrastruktur, die städtische Märkte belieferte.

Die Lösung dieses Problems war Aufgabe des Proviantmeisters und des Profosses. Der Proviantmeister stand in Kontakt mit Kaufleuten, Fürsten und Stadträten, verhandelte über den freien Zugang zu Märkten, die zoll- und abgabenfreie Anfahrt für Verkäufer und die Anlieferung benötigter Waren. Soweit möglich, versuchte man, die Anwesenheit eines Heerlagers im Voraus anzukündigen, um Handwerkern und Händlern Zeit zur Vorbereitung zu geben. Händler erhielten Geleitbriefe und wurden teilweise sogar eskortiert, um die Versorgung zu sichern. Dabei stand sicher auch die Drohung im Hintergrund, dass man sich mit Gewalt nehmen konnte, was nicht freiwillig verkauft wurde, aber Erpressung war als alleiniges Geschäftsmodell nicht nachhaltig. So sehr Landsknechte auch als Plünderer berüchtigt waren, sie waren für viele Bauern, Handwerker und Händler ebenso gute Kunden wie gefürchtete Ausbeuter.

Dem Profoss und seinen Steckenknechten oblag die Regelung des Lagermarktes. Er setzte die Preise fest, zu denen bestimmte Waren verkauft werden durften, und musste dabei eine schwierige Abwägung treffen zwischen den Bedürfnissen seiner Truppe und der Bereitschaft der Händler, den Markt weiter zu bedienen. Außerdem zog er Marktgebühren ein, teilte Standplätze zu und war für die Überwachung der Qualität und der geltenden Maße zuständig. Ihm unterstanden auch Reiter, die die Wege zum Lager sicherten und verhinderten, dass einzelne Händler Ware auf dem Lieferwege illegal aufkauften, um den Preis in die Höhe zu treiben. Im Prinzip sollte ein Lagermarkt geregelt sein wie ein städtischer Markt. Wie weit das in der Realität möglich war, ist nicht sicher, aber die Verwendung von fremden Maßeinheiten, die Unwägbarkeit plötzlicher Nachfrage und die Tatsache, dass viele Kunden bewaffnet und gewaltbereit waren, lässt vermuten, dass es Probleme gab.

Obwohl die Preisfestsetzung Alltagsgeschäft war, sind uns nur wenige Daten zu auf Lagermärkten verkauften Waren überliefert. Wir wissen schlicht nicht, wie hoch das Preisniveau normalerweise war und wie profitabel der Verkauf im Vergleich zu einem städtischen Markt sein konnte. Auf der Grundlage der einzigen überlieferten Preise während der Belagerung von Metz 1552 hat Hans-Michael Möller ausgerechnet, dass die Lebensmittelversorgung allein den größten Teil des Soldes erfordert hätte (Möller 161 ff.). Das muss aber keineswegs immer so gewesen sein. Preise variierten generell sehr stark und wir wissen nicht, wie repräsentativ unsere Daten sind.

In der Praxis müssen wir uns einen Lagermarkt recht einfach und, trotz aller Versuche, Ordnung zu schaffen, eher chaotisch vorstellen. Auf zeitgenössischen Abbildungen sind solide Marktstände eher die Ausnahme. Händler gehen umher oder verkaufen aus Wagen und Karren. Kochfeuer und improvisierte Zelte sind unordentlich verteilt, die Ausstattung oft primitiv. Angesichts der Schwierigkeiten beim Warentransport ist das nicht verwunderlich. Mit einem modernen Wochenmarkt oder auch einem geordneten städtischen Marktplatz der Zeit hatte der Lagermarkt wahrscheinlich nicht viel gemein.

Des Landtgraff

Sudler, Krämer und Marketenderinnen

Ohne dauerhafte Baulichkeiten und ansässige Handwerker ähnelte ein Lagermarkt wahrscheinlich mehr einem Dorfmarkt oder einer Messe als einem städtischen Markt. Auch die Beschicker waren andere. Für die Versorgung mit Nahrungsmitteln waren neben den Bäckern der Umgebung besonders die Sudler wichtig. Brot wurde wenn möglich nicht im Lager zubereitet, sondern zum Verkauf dorthin transportiert. Die Mengen dürften eine erhebliche Herausforderung dargestellt haben, auch wenn städtische Bäckereien und dörfliche Öfen Kapazitäten frei hatten. Fleisch aber konnte ohne verlässliche Kühlung kaum transportiert werden. Stattdessen wurde Schlachtvieh direkt ins Lager gebracht und dort verarbeitet, und dies war das Geschäft der Sudler.

Sudler oder Garköche (die Bezeichnung kommt nicht von besudeln, sondern vom Sud, in dem Fleisch gesotten wird) waren auch auf städtischen Märkten fest etabliert. Sie kauften Fleisch von Metzgern oder schlachteten, wo dies erlaubt war, selbst, bereiteten es zu und verkauften es portionsweise. In den Städten wurde Ihre Tätigkeit oft von den Metzgerzünften überwacht und eingeschränkt, was die freiere Umgebung eines Landsknechtlagers für sie attraktiv gemacht haben dürfte. Wir wissen aus den Quellen nicht viel über ihre Geschäfte. Festgelegte Gewinnspannen und Abbildungen legen nahe, dass sie Fleischportionen mit Beilagen verkauften, vermutlich Gemüse und Hülsenfrüchte, die in der Brühe gekocht wurden. Auch über ihre kulinarischen Qualifikationen wissen wir wenig. Kochzünfte sind oft mit denen der Metzger verbunden oder ihnen unterstellt, sie dürften also die entsprechenden Fertigkeiten mitgebracht haben. Von einer spezifischen Ausbildung allerdings erwähnt etwa die Ordnung der Hamburger Hausschlachter und Köche nichts. Für die Versorgung eines Heeres waren sie von zentraler Bedeutung. Als sich thüringische Städte im Bauernkrieg den Aufständischen anschlossen, stellten sie den Bauern Köche zur Verfügung, und auch die Hamburger Zunftordnung verpflichtet die Zunftmitglieder zur Teilnahme an Feldzügen.

Ein Sudler brauchte Ausrüstung und Kapital. Kessel, Pfannen und Bratspieße mussten transportiert werden, er musste Geld vorstrecken können, um Schlachtvieh zu kaufen, und Brennholz und Zutaten vorhalten. Die eigentliche Verarbeitung ähnelte wohl einer Hausschlachtung: Knochen wurden zur Brühe ausgekocht, Därme und Mägen zu frischen Würsten verarbeitet, die verschiedensten Gerichte aus den Organen zubereitet und der teuerste Teil, das schiere Muskelfleisch, gesotten oder gebraten.

Das *New Kochbuch* des Marx Rumpolt von 1581 listet mit Stolz lange Reihen von Rezepten für die verschiedensten Teile jedes Tieres auf. Die Möglichkeiten und Fähigkeiten eines kurfürstlichen Mundkochs werden die eines Sudlers überstiegen haben, aber es war in seinem wirtschaftlichen Interesse, möglichst viel aus jedem Tier herauszuholen. Wenn nicht gerade ein erfolgreicher Beutezug eine Schwemme an Vieh ins Lager brachte, dürfte das die Regel gewesen sein.

Noch weniger wissen wir von den Köchen, die zum persönlichen Gefolge von Offizieren gehörten. Sie genossen eine großzügige Bezahlung bis hin zum doppelten Landsknechtsold und eine herausgehobene soziale Stellung. Vermutlich rekrutierten sie sich aus handwerklich ausgebildeten Hausschlachtern und Garköchen, wie die Sudler. Ihre Aufgabe war allerdings eine andere, denn sie bedienten eine wesentlich kleinere Gruppe mit höheren Ansprüchen. Welche Ausrüstung ihnen dafür zur Verfügung stand, ist nicht bekannt. Da einem Offizier aber in jedem Fall ein Gepäckwagen gestellt wurde, wird der Zugriff auf Küchengerät kein Engpass gewesen sein. Auch zivile Herrschaften reisten mit Köchen. Sie unter diesen Umständen standesgemäß zu beköstigen, gehörte zu den normalen Aufgaben des Berufsstandes.

Am anderen Ende der sozialen Leiter standen die Weiterverkäufer von Lebensmitteln und Getränken, oft Frauen, die die Waren in größeren Mengen einkauften und portionsweise anboten. Auch dies war aus der Welt der städtischen Armen vertraut, wo Heringswäscher und Speckschneiderinnen ihre Waren in kleinen Mengen verkauften. In der nicht zünftig geregelten Welt des Heerlagers war besonders der Verkauf alkoholischer Getränke lohnend. Speisen wie etwa Schmalzgebäck oder Waffeln konnten mit begrenzten Mitteln zubereitet und an Ort und Stelle verkauft werden. Reich wurde damit allerdings niemand.

Schließlich versorgte der Lagermarkt auch all jene, die selbst kochten. Das dürften zum Beispiel viele Soldatenfrauen gewesen sein, die ja ihr Kochgeschirr im Gepäck trugen und sich mit Zutaten eindecken mussten. Metzger und Sudler schlachteten ins Lager gebrachtes Vieh und verkauften das Fleisch, Bauern aus dem Umland brachten ihre Produkte zum Verkauf und Krämer boten neben einer Vielzahl anderer Artikel auch Zucker, Gewürze und Branntwein an. Wenn Landsknechte tatsächlich gemeinsam in der Rotte kochten und aßen, konnten sie hier wie auf einem städtischen Markt einkaufen.

Die Küche im Feld

Auch darüber, wie in Landsknechtlagern gekocht wurde, geben die Quellen nicht viel her. Wir sind vor allem auf Abbildungen angewiesen, von denen wir – genau wie bei der Kleidung – nicht wissen, wie repräsentativ sie sind. Erwähnungen in Schriftquellen sind rar, da keine Verwaltung für die Organisation der Verpflegung zuständig war. Auffällig ist auf den Bildern, wie regelmäßig Kochgerät im Tross und Küchenszenen im Lager abgebildet werden. Zum Eindruck eines Landsknechtlagers gehörten offenbar nicht zuletzt das prasselnde Kochfeuer und der brodelnde Kessel.

Feldküchen müssen wir uns allgemein relativ einfach ausgestattet vorstellen, denn Transportkapazität war teuer. Fronsperger gibt als Spesen für einen Wagen 24 Gulden monatlich an – für einen einfachen Fußknecht sechs Monatssolde (Fronsperger XXXVIII r). Entsprechend beschränkten sich wohl auch kommerziell agierende Sudler auf die nötigste Ausrüstung. Auf Abbildungen finden wir entsprechende Szenen: Kochtöpfe und Pfannen auf offenen Feuern, aber kaum je Tische oder Bänke. Solche Darstellungen sind nicht unrealistisch. Erfahrene Köche brauchen nicht viel Ausstattung, um eine Vielzahl von Gerichten zuzubereiten. Soldatenfrauen, die oft beim Kochen mit kleinen Pfannen und Töpfen gezeigt werden, dürften ebenfalls entsprechende Erfahrung gehabt haben, denn auch die häusliche Küchenausstattung der unteren Schichten, aus denen sich der größte Teil der Landsknechte ja rekrutierte, war gewöhnlich nicht üppig. Wir wissen aus Nachlassinventaren, dass in einfachen Haushalten oft nicht mehr als ein Kochtopf, eine Pfanne und einige Schüsseln vorhanden waren, und das ist ungefähr die Ausstattung, mit der Soldatenfrauen häufig abgebildet werden.

Für die Details dieser Gerätschaften sind wir erneut auf Bilder angewiesen. Die Küchengeräte, die wir dort sehen, unterscheiden sich nicht wesentlich von dem, was man in häuslichen und kommerziellen Küchen verwendete. Gewaltige Kochkessel finden wir etwa auf den berühmten Trossbildern von Altdorfers *Triumphzug Kaiser Maximilians*. Die Kochkessel sind auf einen Gepäckwagen geladen, während schwer bepackte Marketender kleinere Töpfe in Kiepen tragen. Auf Bildern von Soldatenfrauen finden wir Töpfe, Pfannen und Bratspieße, während Kochlöffel aus dem Gepäckbündel herausschauen. Lagerszenen zeigen Kochstellen mit offenen Feuern, wobei die Künstler oft Flammen und Rauch betonen. Häufig sind Kessel an hölzernen Gestellen aufgehängt, mit oder ohne Kesselhaken, die ihre Höhe regulieren. Neben dem Feuer stehen flachbödige Keramiktöpfe, die dort langsam erhitzen und besonders zum gemächlicheren Kochen von Suppen, Gemüse und Hülsenfrüchten geeignet sind. Bratspieße und Pfannen stehen bereit oder werden über die Glut gehalten. Mörser und die dreibeinigen Grapen aus Gussmetall, die in zeitgenössischen Inventa-

ren und Kochbüchern immer wieder vorkommen, sind nicht abgebildet. Angesichts ihres Gewichts ist das nicht überraschend, und es weist darauf hin, dass die Darstellungen zumindest zum Teil wirklicher Beobachtung entspringen.

Große Kessel und Töpfe über prasselnden Feuern müssen wir wohl Sudlern zurechnen. Hier wurde für Hunderte gekocht. Darstellungen kleinerer Kochstellen mit mehreren Töpfen und Pfannen aber werfen die Frage auf, ob hier Essen zum Kleinverkauf zubereitet wurde, oder ob eine Gruppe von Landsknechten, etwa eine Rotte, ein gemeinsames Mahl plante. Denkbar ist jedenfalls beides. Wir wissen, dass Artilleristen das Vorrecht besaßen, bei ihren Geschützen zu kochen, und individuell wäre das angesichts der Zahl der benötigten Feuerstellen unpraktisch gewesen. Schließlich gibt es noch Bilder von Frauen, die mit einzelnen Pfannen oder Töpfen über kleinen Feuern arbeiten. Dies sind wahrscheinlich Soldatenfrauen, die entweder einen einzelnen Landsknecht oder eine kleine Gruppe versorgen. Was wir nie sehen, sind Landsknechte an kleinen Kochstellen. Kochende Männer sind nur an großen Kesseln abgebildet, sind also wohl Sudler. Das muss allerdings nicht bedeuten, dass Landsknechte nicht kochen konnten. Hieronymus Bock schreibt in einer Bemerkung zum Thema Brot, man könne von erfahrenen Kriegsleuten lernen, wie man auf heißen Steinen Fladenbrot backt. Sicher lehrte der Landsknechtdienst den kreativen Umgang mit Knappheit.

Die Köche der Offiziere dürften solche Sorgen, wenn überhaupt, dann nur auf wesentlich höherem Niveau gekannt haben. Sie waren für das leibliche Wohl eines Herren zuständig, der über einen eigenen Gepäckwagen verfügte, und mussten nicht in den gleichen Quantitäten arbeiten wie ein Sudler. Entsprechend können wir davon ausgehen, dass sie ausreichend ausgestattet waren, um auf den Tisch zu bringen, was die gehobene Küche der Zeit verlangte, nicht zuletzt, weil ihre Arbeitgeber zu den wenigen im Heer gehörten, die über Tische und Serviergeschirr verfügten. Tortenpfannen – Backschüsseln, die von oben und unten mit Glut geheizt werden konnten –, Mörser, Siebe, Schüsseln, Bratspieße, Frittierpfannen und Hackmesser gehörten sicherlich dazu. Eine Vorstellung davon, welcher Aufwand technisch machbar war, geben uns die Illustrationen des Kochbuchs *Opera* von Bartolomeo Scappi von 1570. Der Standard in einem Landsknechtlager war gewiss niedriger, aber keineswegs primitiv.

Zudem ist zu bedenken, dass Landsknechte nicht nur im Lager kochten. Besonders in Feindesland, aber auch in nominell freundlichen Gebieten wurden Truppen oft zwangsweise in zivilen Haushalten einquartiert. Dort konnten sie die Küche ihrer unfreiwilligen Gastgeber nutzen und sich aus ihren Vorräten bedienen. Dass dabei in der Praxis einiger Schaden entstanden sein dürfte, steht außer Frage. Eine sorgsame Vorratshaltung war in bürgerlichen und bäuerlichen Häusern die Regel, und eine Gruppe von Soldaten, die nicht damit rechneten, lange zu bleiben, konnte einen aufs Jahr ausgelegten Vorrat an Wurst, Fleischwaren, Obst, Käse und Butter, Wein, Bier, Schnaps und Feuerholz in sehr kurzer Zeit verbrauchen.

Brennholz war im Übrigen ein weiterer Aspekt der Versorgung, der bedacht werden musste. Holz war im

Deutschland des sechzehnten Jahrhunderts eine zunehmend knappe Ressource, die sorgsam bewirtschaftet und teuer verkauft wurde. Die auf vielen Illustrationen dargestellten hoch auflodernden Kochfeuer mussten Zeitgenossen als verschwenderisch erscheinen. Wir wissen nicht, wo Landsknechte ihr Feuerholz herbekamen. Ein Augenzeuge beschreibt, dass Soldatenfrauen es am Weg auflasen, doch ist das für ein großes Heer auf langsamem Marsch kaum vorstellbar. Sicher wurde geplündert, und wahrscheinlich verkauften Anwohner ihre Holzvorräte nicht zuletzt deshalb, weil die Alternative war, sie ohne Gegenleistung zu verlieren. Aus späteren Epochen wissen wir, dass Soldaten auch ganze Gebäude abrissen, um das enthaltene Bauholz zu verfeuern. Trotzdem dürfte Holzmangel besonders in großen Heeren und bei längerem Aufenthalt ein Problem gewesen sein. Andere Brennstoffe fielen kaum ins Gewicht. Zwar schreibt Fronsperger, dass Holzkohle vorzuziehen ist, weil sie keinen Rauch erzeugt, der einem Feind die Lage des Heeres zeigt (Fronsperger CLIX v), doch war sie teuer und nicht überall erhältlich. In der Praxis dürfte sie Offizierskôchen, Schmieden und anderen Handwerkern vorbehalten gewesen sein.

Eine letzte Bemerkung zur Brotversorgung: Fronsperger schreibt von mobilen Backöfen aus Kupfer, die ein Heer mitführen konnte (Fronsperger XCII r). Technisch sind mobile Öfen möglich, aber die Größenordnung des Bedarfs macht es unwahrscheinlich, dass sie verbreitet waren. Wir wissen, dass Landsknechtheere, wenn der Nachschub nicht ausreichte, Öfen in der Umgebung ihres Lagers beschlagnahmten, um dort zu backen, und auch improvisierte Lösungen wie Fladenbrot oder in der Asche unter einer Schüssel gebackene Brote waren ihnen sicherlich vertraut. Nicht zuletzt aber dürfte an vielen Tagen schlicht Mangel an Brot geherrscht haben. Getreidebrei konnte als Ersatz dienen, als gleichwertig wurde er vermutlich nicht empfunden.

Die Teutsche Speißkammer

Der berühmte Arzt und Botaniker Hieronymus Bock veröffentlichte 1550 ein Buch, in dem er sich gegen die italienische Mode im Essen wendet und die heimische deutsche Küche als gesund und menschlichen Bedürfnissen angemessen lobt. Heute ist seine *Teutsche Speißkammer* vor allem interessant, weil er darin detailverliebt aufzählt, was in seiner Welt auf den Tisch kam und wie er es als Arzt beurteilte. Er war allerdings in der glücklichen Lage, als wohlhabender Bürger im Rheintal zu leben, wo die klimatischen Bedingungen einen im Rest Deutschlands nur selten erreichten Variantenreichtum an Nutzpflanzen ermöglichten. Auch Bauern, Tagelöhner oder eben Landsknechte, denen aufwendig gepflegte Gärten nicht zugänglich waren, mussten mit einem knapperen Angebot leben. Was in einem Lager oder Quartier zu haben war, variierte stark. Das Angebot war abhängig von der Jahreszeit, der geografischen Lage und der militärischen Situation. Trotzdem ist es sinnvoll, sich einen Überblick darüber zu verschaffen, was überhaupt zu haben war, und hierfür ist Bock eine wertvolle Quelle.

Brot

Das tägliche Brot des Landsknechts unterschied sich wahrscheinlich wenig von dem des Tagelöhners oder Bauernknechts. Da es über längere Strecken transportiert wurde, musste es haltbar sein. Wir wissen aus Haushaltsbüchern, dass einfaches Brot zwischen Backtagen oft über Wochen und Monate gelagert wurde. Je nach Region wurde es aus dem vorherrschenden Getreide hergestellt – Roggen in Norddeutschland, Weizen oder Dinkel im Süden. Das Mehl wurde gebeutelt, um es haltbar zu machen und grobe Bestandteile auszusieben, aber es war weit vom Ausmahlgrad moderner Feinmehle entfernt. Salz, Wasser und Sauerteig waren meist die einzigen weiteren Zutaten. Dieses Brot war nicht nur ein Nahrungsmittel für sich, sondern diente, wie wir in den Rezepten sehen werden, auch als Zutat, etwa als Grundlage für Breispeisen oder zum Andicken von Saucen. In der Nähe von Städten, wo handwerkliche Bäcker sich spezialisieren konnten, wurde sicher auch feineres Brot verkauft. Helle Weizenbrötchen, Wecken oder

Semmeln genannt, feines Roggenbrot, aber auch knusprige Brezeln und Kringel oder mit Milch und Käse angereicherte Kuchen dürften gelegentlich auf dem Speiseplan gestanden haben. Lebkuchen, ein reichlich gewürztes Honiggebäck, wird ausdrücklich in einem Landsknechtlied erwähnt (Meinhardt 34). In der zeitgenössischen Küche diente er daneben als Zutat zu Saucen.

Fleisch

Fleisch essen zu können, war gerade im sechzehnten Jahrhundert ein Statussymbol und deshalb für Landsknechte wichtig. Eine regelmäßige Versorgung zu organisieren, erforderte einigen logistischen Aufwand, band aber nicht zu viele Kapazitäten, wenn Schlachtvieh lebendig ins Lager getrieben werden konnte. Mit solchen Viehtrieben hatte man auch im zivilen Leben Erfahrung; Ochsenherden aus Dänemark und Ungarn wurden jedes Jahr in deutsche Städte geliefert. In Feindesland wurde das Vieh, der wertvollste Besitz vieler Bauern, oft einfach als Beute genommen. Während des Bauernkrieges von 1525 führte das in Heerlagern zu einem erheblichen Preisverfall. Eine Kuh wurde teils für einen Rollenbatzen (1/15 eines Gulden) verkauft. Aber auch ohne die Möglichkeit zu ausgedehnten Plünderungen musste die Versorgung mit Fleisch zu akzeptablen Preisen gesichert sein.

Neben Wildbret und Lamm, das für die meisten Landsknechte unerreichbar gewesen sein dürfte, wurden besonders Rind und Schweinefleisch hoch geschätzt. Schaf und besonders Ziege wurde zwar gegessen, war aber deutlich weniger statusträchtig. Geflügel hingegen war sehr beliebt und entsprechend teuer. Überlieferte Preisvorschriften halten fest, dass die teuersten Stücke im Fleischverkauf „Brät“ waren, also zum Braten geeignet. Fleisch, das nur zum Kochen taugte oder viele Knochen enthielt, aber auch innere Organe waren deutlich günstiger zu haben. Ähnliche Verhältnisse dürften auf Lagermärkten gegolten haben. Da frisches Fleisch kaum haltbar war, wurde es direkt nach der Schlachtung verkauft und sofort zubereitet. Vorratshaltung bedeutete für einen Sudler, eine kleine Herde zu halten, und dieses Vieh begleitete das Heer oft auf seinem Marsch.

Fisch

Anders als Fleisch war frischer Fisch ein verzichtbarer Luxus. Besonders die begehrten Speisefische – Hecht, Forelle, Karpfen, Lachs und Stör – waren den Tischen der Reichen vorbehalten. Die einzigen Fische, die in unseren Quellen ausdrücklich für Landsknechte erwähnt werden, sind Stockfisch und die Plateisen genannten getrockneten Schollen, die in großer Zahl aus Skandinavien importiert wurden. Beliebt waren sie eher nicht, und Fronsperger schreibt, es sei immer besser, irgendetwas anderes in einer Garnison einzulagern, da sie leicht verderben, übel schmecken, und mit teurem Schmalz zubereitet werden müssen (Fronsperger CLXII r). Wenn sie trotzdem vorgehalten wurden, so wohl hauptsächlich, um kirchlich vorgeschriebene Fastenzeiten einzuhalten. Ähnliches gilt vermutlich für gesalzene Heringe, die ebenfalls in großer Menge aus dem Nordseeraum eingeführt wurden. Wir wissen nicht genau, wie ernst Landsknechte das kirchliche Fastengebot nahmen. Offiziell verbot die katholische Kirche weiterhin den Genuss von Fleisch und Milchprodukten an Freitagen und in den Fastenwochen vor Ostern und Weihnachten. Besonders fromme Christen verzichteten auch am Mittwoch und Sonnabend auf Fleisch. Die reformatorische Bewegung um Luther hingegen lehnte verpflichtende Fastenzeiten ab. In vielen Teilen des Reiches wurden die Fastengebote im sechzehnten Jahrhundert nicht mehr staatlich durchgesetzt. Der Hofhaushalt von Hessen-Kassel in den 1590er Jahren etwa sah für die Verpflegung der Soldaten mittwochs und freitags Fisch und Fleisch vor und überließ so die Einhaltung jedem selbst. Nur samstags gab es kein Fleisch.

Eier und Milchprodukte

Fronsperger schreibt, dass, wenn an einem Tag eine Mahlzeit mit Eiern, Käse oder Speck serviert wurde, kein Fleisch nötig sei (Fronsperger CLIX v), und wir können hoffen, dass seine Truppen das ähnlich sahen. Eier und Milchprodukte, von der als bäuerlich verschrienen Sauermilch bis zum teuer importierten Parmesankäse, waren jedenfalls in der Küche aller Stände wichtig.

Käse wurde in vielen ländlichen Haushalten frisch hergestellt und auf städtischen Märkten verkauft. Auch auf Lagermärkten dürfte man einen solchen Käse bekommen haben, der nach unserem Verständnis näher an Quark war. Fester, gereifter Schnittkäse wurde ebenfalls verkauft, bestimmte Sorten sogar über längere Strecken gehandelt. Parmesankäse aus Italien genoss das höchste Ansehen, aber auch holländischer und schweizerischer Käse waren auf deutschen Märkten zu finden. Über die Eigenschaften dieser Käse wissen wir nicht viel, außer dass eher fettreiche und milde Sorten geschätzt wurden. Man aß Käse mit Brot, aber auch als Zutat in Suppen, Pasteten, Krapfen und Gebäck.

Butter war ein weiteres wichtiges Element der Küche. Hieronymus Bock bemerkte hierzu, man brauche Butter, wo kein Olivenöl wächst (Bock LX r). Auf bürgerlichen Tafeln fand sich oft ein Stück Butter, die man sich auf Brot streichen oder zu seinen Speisen geben konnte. Auch als Zugabe zu vielen Brei- und Mehlspeisen oder Gemüsegerichten war Butter wichtig. Sie kam nicht immer frisch auf den Markt, sondern wurde durch Einsalzen oder Aufkochen für längere Lagerung haltbar gemacht. Frische Butter wurde allerdings besonders geschätzt.

Gemüse

Über Gemüse zu sprechen ist schwierig, denn das Wort hat einen Bedeutungswandel durchgemacht. Gemüs oder Zugemüs bedeutete im Frühneuhochdeutschen eine Beilage und konnte auch Mehlspeisen, Grütze oder Fruchtgerichte bezeichnen. Die umfangreichen Rezeptsammlungen etwa im *New Kochbuch* des Marx Rumpolt zeigen, wie umfangreich die Kategorie war. Keineswegs war es immer ein Mus.

Was wir heute unter Gemüse verstehen, gehörte auch in diese Kategorie und erlebte gerade im sechzehnten Jahrhundert einen erheblichen Aufschwung. Weißer Spargel und Blumenkohl etwa kamen zu dieser Zeit nach Deutschland und wurden zum Statussymbol. Aber auch traditionelle Garten- und Wildpflanzen boten, je nach Saison, eine reichliche Auswahl. Hieronymus Bock etwa gibt folgende Liste von Speisepflanzen:

Frühjahr

Spinat, Mangold, junger Kohl, Blattsalat, Mohnblätter, Melde, Rübengrün, Ochsenzunge, Borretsch, Petersilie, *Körstel* (Identität ist unklar), Dill, Schalotten, Lauch, Frühlingszwiebeln, Knoblauch, Sauerampfer, Strypfflattich (eine Art Salat), Wiesenknöterich, Wegerich, Bärenklau, Kohldistel, Sumpfdotterblume, Veilchenblätter, Nesseln, Gänsedistel, Hopfendolden, Spargel und Rapunzelglockenblume

Sommer

Spinat, Mangold, Melde, junger Kohl, grüner Lauch, junger Knoblauch, frische Zwiebeln, Petersilienwurzeln, gelbe Rüben (vielleicht Karotten), Pastinaken, *Gritzel Moren* (Zuckerwurz oder Karotte), süße Rüben (wohl junge Rübchen oder Zuckerwurz), Rettich, Erbsenschoten, grüne Bohnen, Grünkern, Erdbeeren, Heidelbeeren, Himbeeren, süße und saure Kirschen, frühe Trauben und Äpfel, frühe Birnen, Sommerpflaumen, Pfirsiche und Pilze

Herbst

Kohl, Rüben, Melonen, Gurken, *Pfedem* (vermutlich eine Melonenart), Flaschenkürbis, *indianische Öpffel* (vermutlich Neuweltkürbisse), grüne Bohnen, Schwarzaugenbohnen, Erbsen, Maulbeeren, Pflaumen, Birnen, Süßkirschen, Haselnüsse, Walnüsse, Mandeln, Esskastanien, Äpfel, Quitten, Pfirsiche, Mispeln, Speierling, *Aressel* (vermutlich eine Art Speierling), Schlehen und Weintrauben

Winter

Neben einer Vielzahl von Vorräten gibt es als saisonal wachsende Produkte Brunnenkresse und Kohl.

Dies ist keine vollständige Liste, und sie ist auch nicht für ganz Deutschland gültig. Es fehlen zum Beispiel Kräuter wie Majoran und Salbei, die in viele Rezepten erwähnt werden. Andererseits wuchsen Pfirsiche, Mandeln und Maulbeeren nur in den sehr warmen Lagen des Oberrheins. Auch die indianischen Äpfel deuten an, dass hier viel Geld und Aufwand auf einen Garten verwendet wurden, der alle Moden mitmachte. Dass bei einfachen Landsknechten viel von den neuen Sorten ankam, ist allerdings eher unwahrscheinlich. Sie waren davon abhängig, was ihnen auf den Lagermarkt gebracht wurde, und das war vor allem, was in großen Mengen zur Verfügung stand, also hauptsächlich Kraut und Rüben.

Unter Kraut verstand man jegliche Art von Blattgemüse, insbesondere aber den in jeder Küche vertretenen Kohl. Rüben waren unterschiedliche Wurzelgemüse, hauptsächlich die Vorläufer unserer Steckrübe, die in großen Mengen angebaut wurden, aber auch Karotten, Petersilienwurzeln, Zuckerwurz und andere Arten. Sie einem spezifischen Namen zuzuordnen, ist oft nicht möglich. Sowohl Kohl als auch Rüben wurden frisch gekocht oder mit Salz sauer eingelegt. Sauerkraut wurde allerdings hauptsächlich im Winter gegessen und spielte auf dem Speisezettel der Landsknechte in der Feldzugssaison wahrscheinlich keine große Rolle.

Auch Hülsenfrüchte zählten zum Gemüse. Besonders Ackerbohnen und Erbsen wurden angebaut. Im Normalfall trocknete man sie zur Vorratshaltung und kochte sie weich, und in dieser Form kamen sie wahrscheinlich auch auf den Lagermarkt. Junge grüne Erbsen und frische Bohnenschoten – nicht die heute so beliebten Brechbohnen, die stammen aus Amerika – waren bestenfalls ein saisonaler Snack.

Frisch und in großen Mengen kamen Früchte auf den Markt. Sie waren oft schwer haltbar zu machen und mussten in der kurzen Erntezeit entsprechend schnell verkauft werden, sodass sie nur für kurze Zeit im Jahr zur Verfügung standen. Allerdings wurde ihr Anbau nicht so intensiv betrieben wie später, sodass auch in der Saison nicht genug vorhanden gewesen sein dürfte, um ein ganzes Heerlager zu versorgen. Wahrscheinlich stellte frisches Obst hier, wie auch in vielen Städten, einen bescheidenen Luxus dar, den sich zwar viele leisten konnten, aber nicht jeder.

Von Zeitgenossen zum Zugemüs gerechnet wurden auch Mehlspeisen und Breie, wobei wir davon ausgehen müssen, dass aufwendigere Zubereitungen wie Nudeln oder Maultaschen zur gehobenen Küche gehörten und unter Landsknechten eher einfache Getreidebreie verbreitet waren. Allerdings gibt es durchaus Rezepte, die sich mit einfachen Mitteln realisieren lassen, wie wir im Fall des Zotten Mus (siehe S. 51) sehen werden.

Gewürze

Zwar denkt man bei Gewürzen hauptsächlich an teure Importware, aber auch in der einfachen Küche wurden Speisen, wenn irgend möglich, gewürzt. Salz muss hier zuerst genannt werden. Es war Konservierungsmittel so sehr wie Würzmittel und wird auch unter den Rationen für Garnisonstruppen genannt. Wir sollten davon ausgehen, dass es in den benötigten eher kleinen Mengen zur Verfügung stand, denn im Heerlager gab es weder langfristige Vorratswirtschaft noch Viehhaltung. Die zweite Würze der einfachen Leute war sprichwörtlich Essig (Bock LIIII r). Dieser Begriff war allerdings weiter gefasst als heute: neben Wein- und Bieressig konnte man darunter auch den Saft von Schlehen oder Holzäpfeln verstehen. Nur sauer musste er sein.

Zwiebeln und Knoblauch waren weitere Möglichkeiten, Speisen günstig Geschmack zu verleihen. Danach zu riechen galt als bäuerlich, was aber die Mehrzahl der Menschen nicht daran hinderte, zuzugreifen. Wer sie nicht, wie praktisch alle Bauern, im eigenen Garten anbaute, konnte Zwiebeln auf dem Markt kaufen, und das dürfte auch auf Lagermärkten gegolten haben. Dass sie allerdings immer in ausreichender Menge zur Verfügung standen, ist zu bezweifeln.

Auch einheimische Kräuter wurden in der Küche benutzt. Sie kommen in überlieferten Rezepten vor, und Hieronymus Bock schreibt ebenfalls auf, was seiner Meinung nach in keiner Küche fehlen darf: Majoran, deutscher und italienischer Quendel, Rosmarin, Basilikum, Dost, Ysop, Salbei, Frauenwurz (es ist unklar, welche Pflanze gemeint ist), Beifuß, Petersilie, Dill und Kerbel. Allerdings waren sie wohl nicht in großem Stil Handelsware. Oft wurden sie für den Eigenbedarf gezogen oder gesammelt, was für die Versorgung eines Lagers voller Landsknechte schwierig gewesen wäre. Getrocknet hielt man sie auf Vorrat, aber auch dies eher im häuslichen Rahmen. Wer sie nicht selbst zur Verfügung hatte, der durfte nicht hoffen, sie einfach kaufen zu können. Dies könnte auch die Attraktivität kommerziell angebotener Speisen erklären – wer beruflich kochte, der hielt natürlich einen Vorrat an Würzmitteln und konnte das Geld für Beilagen vorlegen. Für einen einzelnen Söldner oder seine Frau galt das nicht.

Obwohl die Preise im Vergleich zum Mittelalter bereits sanken, waren die importierten Gewürze, die wir mit diesem Begriff meist eigentlich meinen, weiterhin ein kostbarer Luxus. Sie spielen in überlieferten Rezepten zwar oft eine wesentliche Rolle, das deutet aber nur darauf hin, dass viele Rezeptbücher sich an wohlhabende Leser wandten. Allerdings wird der stark gewürzte Lebkuchen in einem Landsknechtlied erwähnt und wir wissen, dass Krämer auf Dorfmärkten Gewürze anboten. Wir sollten nicht ausschließen, dass es Gewürze auch auf Lagermärkten gab und dass Sudler sie verwendeten. Die Köche von Offizieren taten es sicher. Fronsperger erwähnt Nelken, Ingwer, Zimt, Muskatnuss und Safran als Garnisonsvorräte, doch ausdrücklich nur für Kranke (Fronsperger CLIX v). Im soldatischen Alltag waren sie gewiss ein Luxus, den man sich, wenn überhaupt, dann nur bewusst leistete. Ähnliches gilt für Zucker und Honig. Auch wenn Hieronymus Bock sich darüber beschwert, es würde zu viel Zucker verwendet (Bock XXXII r), so betrifft das bestenfalls die Küchen der wohlhabenden Stände.

Herrenspeise und Bauernspeise

Was man isst, hat nicht nur damit zu tun, was man mag und kennt oder sich leisten kann, sondern auch damit, was man für eine angemessene Ernährung hält. Was aus einer Perspektive eine Mahlzeit ist, kann für andere Betrachter unangemessener Luxus sein oder kaum besser als Tierfutter. Im Deutschland des sechzehnten Jahrhunderts

gab es zunächst eine klare mentale Trennung zwischen dem Essen der Armen und dem der Reichen, zwischen Herren- und Bauernspeise. Die Oberschicht grenzte sich dabei durch einen demonstrativen Luxus ab, den niemand anders imitieren konnte. Wildbret, durch Jagdprivilegien geschützt, Edelfische, Zucker, Gewürze, exotische Gemüse, frische Früchte und aufwendig zubereitete Speisen zeichneten ihre Bankette aus. Auch im Alltag genossen sie Speisen wie Weißbrot, Reis, frischen Fisch und Braten. Die Offiziere eines Landsknechtheeres gehörten zumindest teilweise zu dieser Schicht und hatten durch ihre großzügige Besoldung wenigstens während ihrer Dienstzeit die Möglichkeit, so zu leben. Für die Mehrzahl der einfachen Knechte war dies bestenfalls gelegentlicher Luxus.

Auch unterhalb der obersten Schichten grenzten sich die Wohlhabenderen in ihren Essgewohnheiten deutlich von den Armen ab, auch wenn sie kaum je wirklich herrschaftliche Speisen auf den Tisch bringen konnten. Ein Handwerksmeister oder Hofbauer aß anders als ein Tagelöhner oder Kätner, und jeder Städter hätte sich gegen die Unterstellung verwehrt, er lebe von bäuerlicher Speise. In dieser Unterscheidung spielten einerseits Brot und andererseits tierische Produkte die wesentlichste Rolle.

Brot, gesäuert und im Ofen gebacken, war die alltägliche Speise des Städters und der besitzenden Bauern. Ländliche Arme lebten, so zumindest das Vorurteil, von Brei. Auch am Konsum von Fleisch, Eiern und Milchprodukten konnte man diese Unterscheidung ablesen. Arme Landbewohner hielten zwar Kleinvieh und Geflügel, waren aber oft darauf angewiesen, Eier und Käse zu verkaufen, statt sie selbst zu essen. Kleinbauern mit Körben voll Eier oder Ziegenkäse waren auf allen Märkten ein vertrauter Anblick. Auf den Lagermärkten von Landsknechtheeren waren Händler, die ihre gesamte Ware selbst trugen, von der Marktgebühr bereit – eine Vorschrift, die wohl hauptsächlich solche Verkaufer anziehen sollte. Auch frisches Fleisch war auf dem Dorf ein seltener Luxus, der nur an Schlachttagen zu haben war, wenn nicht gerade zu einer Feier ein Huhn gebraten wurde. Wohlhabende Bauern hielten gesalzenes und geräuchertes Fleisch und Würste vor, was für plündernde Landsknechte sehr anziehend gewesen sein muss. In der Stadt hingegen wurde zu jedem Markttag geschlachtet, und wer es sich leisten konnte, konnte regelmäßig Frischfleisch genießen – dies allerdings traf auch hier keineswegs auf alle Bürger zu. Nur die wohlhabenderen Bürger schlachteten selbst und betrieben Vorratshaltung, die meisten hatten hierzu nicht die Mittel. Hier also war eher der Räucherschinken Ausweis des Reichtums als das frische Rindfleisch.

In diesem Kontinuum stehen Landsknechte in herausgehobener Position. Die Tradition lässt sich ins fünfzehnte Jahrhundert zurückverfolgen: Soldaten bekommen täglich Brot und Fleisch. Für viele andere war das bestenfalls ein Wunschtraum, der sich noch im Märchen von Frau Holle im Ausdruck „alle Tage Gesottenes und Gebratenes" spiegelt. Ein Landsknecht mochte arm sein, aber er aß nicht wie ein Armer, und dies Privileg wurde verteidigt.

Getränke

Während die Rekonstruktion der landsknechtischen Essgewohnheiten gewisse Schwierigkeiten macht, sind sich zeitgenössische Quellen über ihre Einstellung zum Trinken einig: viel und gern. Der Ruf der Landsknechte als Säufer in einer dem Alkohol absolut nicht abgeneigten Gesellschaft ist beachtlich und muss eine Grundlage in der Realität haben. Wir finden Beinamen wie Allweg Voll, Such-den-Trunk oder Spring-in-die-Zech auf Musterrollen, und ein Sprichwort besagte, dass Schweine und Landsknechte Tag und Nacht voll sein müssten. Die Frage ist also nicht, ob getrunken wurde, sondern was.

An erster Stelle stand wohl – zumindest außerhalb der Weinbaugebiete in Südwestdeutschland – Bier. Bauern brauten im sechzehnten Jahrhundert oft noch häuslich, hauptsächlich für den Eigenbedarf oder zum Verkauf unter Nachbarn. Ihr Bier war kurz haltbar und hatte einen eher schlechten Ruf. Dennoch ist es wahrscheinlich, dass es auf Lagermärkten angeboten wurde, denn die Nachfrage war sicherlich groß genug. Wenn die Käufer allerdings die Wahl hatten, so zogen sie kommerziell gebraute Ware vor. Solches Bier kam meist aus Städten, in denen die Regierung Qualitätsstandards durchsetzte. Über diese Biere hat der Jurist Heinrich Knaust 1575 seine *Fünnf Bücher von der Göttlichen und edlen Gabe der Philosophischen, hochthewren und wunderbaren Kunst Bier zu Brauen* geschrieben. Sie wurden über lange Strecken transportiert und am Bestimmungsort teuer verkauft. Besonders Einbecker Bier war ein ausgeprägtes Luxusprodukt, das bis nach Bayern exportiert und etwa in Hamburg unter staatlichem Monopol verkauft wurde. Auch lokale Brauzentren wie Braunschweig und Hamburg konnten durch Bierexporte viel Gewinn machen. Der größte Teil des Bieres auf dem Markt aber kam wahrscheinlich meist aus benachbarten Städten und wurde dort für den lokalen Verkauf gebraut. Man unterschied zwischen der sehr stark gebrauten, haltbaren Exportqualität, die Knaust das „rechte Bier" nennt, schwächerem Tafelbier, das zum baldigen Verbrauch verkauft wurde, und dem alltäglichen Dünnbier oder Kofent, das kaum Alkohol enthielt. Für den Verkauf auf dem Lagermarkt eignete sich vermutlich besonders das Tafelbier, das auch an Schankwirtschaften abgegeben wurde.

Neben Bier war Wein ein beliebtes und in den Anbaugebieten auch alltägliches Getränk. Das Angebot und damit der Preis unterlagen zwar stärkeren Schwankungen als beim Bier, aber in durchschnittlichen Jahren tranken in den Städten des Rheinlandes auch Diener und Handwerksgesellen Wein. Wie beim Bier gab es beim Wein deutliche Qualitätsunterschiede. Teuer importierte Südweine, wie Malvasier oder Reinfal waren der Oberschicht vorbehalten. Die große Masse trank, was vor Ort gekeltert wurde, und das meist jung, denn besonders haltbar waren diese Weine nicht. Wo aber ein Landsknechtheer in einem Anbaugebiet lagerte, dürfte Wein in großen Mengen verfügbar gewesen sein und konnte gewiss rasch geliefert werden. Auf vielen Abbildungen von

Heerlagern sehen wir mit Fässern beladene Karren, aus denen direkt in Kannen und Krüge gezapft wird. Der „kühle Wein" der Landsknechtlieder, wohl im Wasserbad kalt gehalten, war ein durchaus erfüllbarer Traum.

Ein weiteres Modegetränk der Zeit war Branntwein, destillierter Alkohol, dem Landsknechte so sehr zusprachen, dass Lazarus von Schwendi in seinen militärtheoretischen Werken im späten sechzehnten Jahrhundert vergeblich verlangte, es ihnen zu verbieten (Frauenholz 31). Ein großer Vorteil von Branntwein war, dass er auch aus saurem Bier, einer missglückten Maische oder Weintrester gewonnen werden konnte. Bereits um 1500 wurde er in großem Stil aus dem Rheinland exportiert. Zwar war Branntwein schon seit langer Zeit bekannt, als Genussmittel war er aber relativ neu auf dem Markt und wie bei jeder neuen Droge entstand auch hier ein Unbehagen, das in manchen Städten durch gesetzliche Regelungen beruhigt werden sollte. Abgabemengen wurden begrenzt oder der Genuss in der Öffentlichkeit verboten. Dies war in Heerlagern allerdings unüblich. Der Kleinverkauf von Branntwein war ein Geschäft mit geringer Gewinnmarge, das besonders Frauen betrieben, und die Grenze zur Prostitution war fließend. Mit dem in Weinfässern gereiften Weinbrand, den wir heute kennen, hatte das Produkt wenig gemein. Branntwein wurde frisch verkauft und dürfte eher Korn oder Grappa geähnelt haben.

Die Rolle von Wasser als Alltagsgetränk sollte trotz allem nicht unterschätzt werden. Zwar galt es als Ausweis von ungehörigem Geiz, das Gesinde Wasser trinken zu lassen, doch war es gerade unter Armen sicher nicht ungewöhnlich. Allerdings war es in einem Heerlager, unter den herrschenden Bedingungen mangelnder Hygiene und ohne die Vielzahl von ausgebauten Brunnen, die in einer Stadt zur Verfügung gestanden hätten, nicht leicht, an sauberes Wasser zu kommen. Unbegradigte Flüsse waren meist schlammig und in der Umgebung eines Lagers durch den dichten Verkehr von Pferden und Fußgängern zusätzlich aufgewühlt. Möglicherweise wurde auch sauberes Trink- und Waschwasser auf dem Markt angeboten, so wie es in einigen Städten üblich war. Wahrscheinlicher behalf man sich ohne, soweit es ging. Wenn aber trinkbares Wasser zur Verfügung stand, gibt es keinen Grund, anzunehmen, es sei nicht genutzt worden.

Tischregeln ohne Tische

Tischmanieren sind sicher nicht das Erste, was man mit Landsknechten verbindet, und in der Tat ist zumindest dieses Klischee nicht zu weit von der Wirklichkeit entfernt. Die sogenannte Lutherzeit hat in dieser Hinsicht ohnehin einen zweifelhaften Ruf, obwohl wir heute recht sicher sind, dass der Reformator das ihm zugeschriebene „Warum rülpset und furzet ihr nicht? Hat es euch nicht geschmacket?“ nie gesagt hat. Die Vielzahl zeitgenössischer Drucke von Tischzuchten legt nahe, dass Regeln für das Benehmen bei Tisch ein interessiertes und zahlendes Publikum fanden. Gleichgültig stand man dem Thema also keineswegs gegenüber. Inhaltlich unterschieden sich diese Regelwerke nicht wesentlich von dem, was schon im späten Mittelalter Standard gewesen war: Man sollte mit gewaschenen Händen bei Tisch erscheinen, sich den Tischnachbarn, mit denen man sich eng auf Bänken drängte, nicht durch Herumlümmeln oder unappetitliches Verhalten unangenehm machen und besonders von den Leckerbissen nicht mehr essen, als einem zukam. Gegessen wurde mit Löffel, Messer und den Fingern, was nicht unhygienisch oder unästhetisch sein musste. Die Sitte, Teller und Becher mit einem Nachbarn zu teilen, kam zunehmend außer Gebrauch. Eine Mahlzeit, bei der diese Regeln eingehalten wurden, käme uns ungewohnt, aber nicht wirklich befremdlich vor.

Dass sich Landsknechte an diese Regeln hielten, ist allerdings höchst unwahrscheinlich, denn sie waren weder dazu gezwungen, noch hatten sie viel dadurch zu gewinnen. Interesse an Benimmregeln hatten besonders städtische Bürger, die sich sozial nach unten abgrenzen mussten. Besucher aus dem europäischen Ausland bemerkten regelmäßig, dass der deutsche Adel ausgesucht schlechte Manieren an den Tag legte. Edelleute betranken sich heillos, zerschlugen Geschirr und bespuckten einander mit Kirschkernen – weil sie es konnten. Wer hätte sie daran hindern sollen? Genau diese Attitüde wird auch den Landsknechten immer wieder zugeschrieben: Sie waren selbstbewusst und aufmüpfig und liebten die ausufernde Selbstdarstellung. Regeln wie zeitgenössische Tischmanieren, die es erforderten, sich selbst zurückzunehmen, um den Frieden in der Gruppe zu wahren und Hierarchien zu bekräftigen, passen nicht zu einem solchen Menschenschlag. Zudem berichten die Quellen einstimmig, dass Raufereien und sogar bewaffnete Auseinandersetzungen zum Alltag eines Heeres gehörten. Rücksicht auf die Empfindlichkeiten anderer gehörte nicht zu den Stärken dieser männlich dominierten Subkultur, in der Status dargestellt und Ehre verteidigt werden musste.

Auch waren viele der traditionellen Tischregeln schlicht nicht anwendbar. Ob im Lager oder im Quartier, Landsknechte dürften selten an einem gemeinsamen Tisch gegessen haben. Die Gelegenheit, sich ordentlich die Hände zu waschen, war allein aufgrund der vorhandenen Wassermenge selten gegeben. Die Minimalausstattung an Besteck und Geschirr war wohl meist vorhanden, mehr aber auch nicht, sodass auch der Umgang mit Servierschüsseln, Saucennäpfen oder Handbrot keine notwendige Fertigkeit war. Weiter gehen die Regeln der Tischordnung davon aus, dass es einen Gastgeber oder Hausherrn gibt, der das Essen zu Verfügung stellt. Soldaten, die sich ihre Portion beim Sudler kauften oder ihre Ressourcen teilten, um eine Mahlzeit bereitzustellen, aßen als Gleichgestellte. Sie schuldeten für ihre Speise nur Gott und sich selbst Dank. Eine klare Hierarchie gab es vermutlich gegenüber den Soldatenfrauen und Burschen, doch die Regeln, die sie bestimmten, kennen wir nicht.

Hygiene

Wir haben die Frage des Händewaschens bereits berührt, doch war Hygiene in einem Landsknechtlager ein umfassenderes Problem. Die Kommandanten waren sich dessen bewusst, wie wir etwa der festen Anordnung von sogenannten Scheißplätzen, wenn möglich flussabwärts von Waschplätzen und Pferdetränken, entnehmen können. Auch brauchbares Wasser musste vorhanden sein, nicht so sehr um der Männer als um des Trosses willen: Pferde trinken kein Bier. Auch wissen wir, dass das Waschen von Kleidern zu den Aufgaben der Soldatenfrauen gehörte. Es kann aber nicht leicht gewesen sein, den Ansprüchen an Hygiene zu genügen, die etwa in einem zeitgenössischen bürgerlichen Haushalt galten.

Für unser Thema interessiert uns natürlich hauptsächlich die Frage der Lebensmittelhygiene. Sie dürfte, trotz sicher vorhandener Bemühungen, mangelhaft gewesen sein. Fleisch wurde auf dem Huf geliefert und frisch verkauft, doch selbst im Verlauf eines Tages dürfte das angesichts von Sommerhitze und Fliegenplage nicht ausreichend gewesen sein. Für andere Lebensmittel kennen wir keine entsprechenden Vorschriften. Vermutlich war gründliches Kochen der beste und einzige Schutz gegen Lebensmittelvergiftungen jeglicher Art, auch wenn das Prinzip nicht bekannt war.

Kochgerät und Essgeschirr sauber zu halten, muss ebenso eine Herausforderung gewesen sein. Zwar hatte man im Idealfall Zugang zu einem Fluss, aber dort drängten sich Wäscherinnen und Pferdeknechte. Einen Kessel frisches Wasser zu erhitzen, um darin den Abwasch des Tages zu machen, wie man dies in bürgerlichen Haushalten praktizierte, dürfte unrealistisch gewesen sein. Ob Abwasch, wie das Waschen von Kleidern, als Dienstleistung angeboten wurde, wissen wir nicht. So oder so dürfte eine abendliche Prozession von Soldatenfrauen, die am Flussufer kniend mit Wasser und Sand Töpfe und Teller reinigten, zu den alltäglichen Realitäten des Lagerlebens gehört haben. Wie in so vielen Fällen hätte eine zentrale Organisation solchen Problemen Abhilfe verschaffen können.

Schließlich aber war die Hygiene des Essgeschirrs wie der Person neben den vorhandenen Möglichkeiten auch eine Frage der persönlichen Entscheidung. Oft genug dürfte sie schlicht gegenüber anderen Dingen in den Hintergrund getreten sein. Das Leben im marktliberalen Ameisenhaufen eines Landsknechtlagers war Herausforderung genug.

Rezepte

Historisch kochen in modernen Küchen

Die folgenden Rezepte beruhen auf Originalquellen, aber sie sind für die moderne Küche adaptiert. Hauptsächlich betrifft das die Werkzeuge – wir verwenden heute keine in der Glut stehenden Tortenpfannen, in den wenigsten modernen Herden können wir Fleisch an einem Spieß braten, und statt eines massiven Bronzemörsers greifen wir auf Küchenmaschinen zurück. Natürlich ist die Interpretation auch eine persönliche, vermittelt durch einen von moderner Gewohnheit geprägten Geschmack. Deshalb wird zu jedem Rezept der – moderner Schreibweise angeglichene – Text wenigstens eine der Quellen angegeben, auf denen es beruht. Die Entscheidung, inwieweit meiner Interpretation gefolgt werden soll, liegt dann beim Leser.

Wer sich intensiv mit historischer Küche beschäftigt, dürfte früher oder später auch mit Repliken authentischer Küchenwerkzeuge arbeiten wollen. Das erfordert einige Übung, ist aber ein sehr schönes Hobby. Hier allerdings werden sie durch moderne Geräte ersetzt, wobei das Ergebnis vergleichbar, aber nicht immer wirklich authentisch wird.

In großen Küchen des sechzehnten Jahrhunderts war der Mörser unverzichtbar. Nicht nur Gewürze wurden in ihm pulverisiert, er diente auch zum Stoßen von Nüssen, zum Herstellen von Fleisch- und Gemüsepasten und als Backform. Eine elektrische Küchenmaschine kann die meisten dieser Aufgaben übernehmen, die Konsistenz der Masse ist allerdings etwas anders.

Auch für das Passieren oder Durchstreichen, das in der gehobenen Küche der Reformationszeit üblich war, ist eine Küchenmaschine nützlich, ein Pürierstab oder eine Passiermühle reichen aber völlig aus. Die cremige Konsistenz von durch ein feines Haartuch gestrichenem Püree erreicht man damit nicht, für die meisten Zwecke jedoch genügt es.

Die Kochtöpfe der Zeit waren in der Regel aus Keramik und wurden zum langsamen Erhitzen nahe ans Feuer gestellt. Moderner Edelstahl auf einer Kochplatte verhält sich anders. Um die Garweise von Keramiktöpfen zu simulieren, kann man die Hitze langsam erhöhen und auf niedriger Stufe kochen. Bratpfannen und Metallkessel hingegen konnten auf dem Feuer schneller und intensiver erhitzt werden als auf einem Elektroherd. Ein Gasherd kann eine ähnliche Hitze erzeugen.

Zum Backen gab es zwei Möglichkeiten: den Backofen, in dem ein Feuer entzündet wurde und dessen Resthitze nach dem Auskehren der Asche das Brot buk, und die Tortenpfanne, die in die Glut des Kochfeuers gestellt wurde und auf deren Deckel man für die Oberhitze glühende Kohlen legte. Erfahrene Köche konnten Temperatur und Ober-/Unterhitze so genau regulieren wie wir in einem modernen Elektroherd.

Auch bei der Auswahl der Zutaten ist es hilfreich, sich mit zeitgenössischen Gewohnheiten zu beschäftigen. So kommen etwa Rezepte der Zeit kaum ohne den Hinweis auf Gewürze aus, oft genug einfach als „gutes Gewürz" angeführt. Rezeptsammlungen wenden sich allerdings an eine finanziell potente Kundschaft, und es ist nicht wahrscheinlich, dass Landsknechte im Alltag mit vielen Gewürzen hantierten. Die meisten einfachen Speisen dürften ohne sie ausgekommen sein.

Was genau unter „guten Gewürzen" zu verstehen war, dürfte nach individuellem Geschmack und Geldbeutel variiert haben. Pfeffer, Ingwer und Zimt waren eher erschwinglich, wohl auch für gemeine Knechte, während Muskat, Nelken, Kardamom und besonders Safran ein teures Vergnügen blieben und eher in die Gewürzladen von Offizierskochen passen. Einheimische Gewürzkräuter wie Kümmel und Senfsaat hingegen waren vergleichsweise günstig zu haben und wurden entsprechend verschwenderischer verwendet.

Inwieweit damalige Gewürze den heutigen entsprachen, ist schwer zu sagen. Der monatelange Transport dürfte ihrem Aroma abträglich gewesen sein, und skrupellose Händler waren für ihre Verfälschungen berüchtigt. Zumindest in der gehobenen Küche wurden die Gewürze allerdings frisch gemörsert, während sie heute oft viele Monate gemahlen aufbewahrt werden.

Wein und Bier spielten nicht nur als Getränke eine wichtige Rolle, sie wurden auch als Zutaten in der Küche verwendet. Von Hieronymus Bock kennen wir die Idealvorstellung der Zeit: ein lagerfähiger, aromatischer und eher trockener Weißwein. Süße Südweine und Obstweine, schreibt er, seien bei Frauen beliebt (Bock LI r). Importweine aus dem Mittelmeerraum waren aber teuer, damals noch mehr als heute. Weinproduktion war mit Unwägbarkeiten verbunden, und viele Weine waren weder besonders aromatisch noch lange lagerfähig. Der größte Teil der Lese wurde jung getrunken. Der Alltagswein kam einem Federweißer näher als einem Grauburgunder.

Bier, nicht Wein, war das Getränk, bei dem für den Kenner die Herkunft zählte. Luxusbiere wie das Einbecker, die Goslarer Gose oder das Hamburger Weißbier wurden über weite Strecken gehandelt. Die meisten Biere wurden, wie heute noch üblich, mit Hopfen gebraut. Das Grutbier des Mittelalters kam außer Gebrauch. Da das jetzt beliebte Pilsner Brauverfahren aber noch nicht bekannt war, ist ein Pils oder Lager zu einem Landsknechtmahl nicht zu empfehlen, wenn man es möglichst authentisch will. Für das „rote" Gerstenbier kann Altbier genommen werden, für das damals teurere „weiße" Bier ein Hefeweizen. Das alltägliche, durstlöschende Dünnbier mit einem sehr geringen Alkoholgehalt wird heute in Deutschland nicht mehr gebraut. US-amerikanische Importe haben geschmacklich wohl keine Ähnlichkeit, aber in Norwegen und Schweden werden noch traditionell gebraute Leichtbiere verkauft.

Ein abschließendes Wort: Die Küche der Landsknechtzeit war, wenn immer möglich, sehr gehaltvoll, und das war gewollt. Tierisches Eiweiß und Fett, Zucker und feines Weizenmehl zeigten finanzielle Potenz und Lebensgenuss. Entsprechend sieht man den Portraits der Herrschenden die Essgewohnheiten ihrer Motive oft genug an. Für Einschränkungen sorgte der Geldbeutel. Die meisten Menschen genossen reichhaltige Mahlzeiten zu Festtagen. In diesem Sinne sollten wir die Rezepte in diesem Buch verwenden. Eine kalorienreduzierte Renaissanceküche geht an der Intention der Zeitgenossen vorbei.

Brot und Fladen

Das „tägliche Brot“ in Luthers Bibelübersetzung war keine bloße Phrase. Besonders in den Städten war Brot das Hauptnahrungsmittel der meisten Menschen. Auf den Tischen der Armen war es oft genug die einzige Speise, aber auch zu jeder reichlichen Mahlzeit gehörte Brot.

Brotrezepte aus dem sechzehnten Jahrhundert sind nicht erhalten, aber wir wissen, dass Bäcker eine große Auswahl anboten. Alltagsbrot, das in Städten zu amtlich festgelegten Preisen verkauft wurde, bestand aus einem nur leicht gebeutelten Mehl, Wasser, Salz und Sauerteig. Je nach Region nahm man Roggen, Weizen oder Dinkel. Für unsere Vorstellungen war es wohl eher schwer und hart. Handwerkliche Bäckereien bieten auch heute noch Krustenbrote an, die dem recht nahe kommen. Frisch bekam man es auf städtischen Märkten. In ländlichen Haushalten wurde es zwischen Backtagen lange gelagert.

Von der Schwierigkeit der Brotversorgung wurde bereits gesprochen, und in knappen Zeiten wussten sich Landsknechte selbst zu behelfen. So schreibt Hieronymus Bock in der *Teutschen Speißkammer:*

Wenn aber die Nôt einhergeht, in Kriegszeiten und besonders, wenn man fliehen muss, wird man nicht viel Backöfen und Küchengeschirr mit sich führen. Man würde froh sein, wenn man das Mehl auf heißen Steinen und in der Asche zum Braten bringen könnte, wovon erfahrene Kriegsleute wohl zu erzählen wissen.

(*Teutsche Speißkammer*, S. XLIV)

Solche ungesäuerten Brotfladen können in einer Pfanne hergestellt werden.

Zutaten

Beilage für 4 Personen

250 g Mehl (Typ 1050 oder Vollkornmehl)
Wasser
eventuell Butter, Öl oder Schmalz

45 Minuten Zubereitungszeit

Das Mehl mit genug Wasser zu einem festen, trockenen Teig verarbeiten und gründlich kneten. 30 Minuten ruhen lassen. Dann in 6 Portionen aufteilen und jeden Teil einzeln zu einem runden, etwa 2 mm dicken Fladen ausrollen (oder zwischen den Händen formen).

Die Pfanne auf dem Herd erhitzen und, wenn gewünscht, etwas Fett hineingeben. Die Fladen in der Pfanne 3–5 Minuten ausbacken, dabei mehrmals wenden. Warm servieren.

Butter und Schmalz

In einer Zeit steigender Bevölkerungszahlen und sinkender Löhne waren Fleisch und Fett eine Statusfrage. Das erklärt, warum viele Rezepte so großzügig mit Butter oder Schmalz umgehen – man wollte zeigen, was man hatte. Besonders Butter war wichtig, denn sie stellte mit Brot zusammen eine vollwertige Mahlzeit dar. Allerdings musste sie ohne die Möglichkeit zur Kühlung haltbar gemacht werden. Man konnte sie einsalzen und das Salz vor der Verwendung in kaltem Wasser auswaschen, oder die verderblichen Bestandteile konnten durch einen Kochvorgang abgeschieden werden. Deshalb sind Ghee oder Butterschmalz für die Rezepte in diesem Buch als Zutat durchaus geeignet. Frische, süße Butter, wie wir sie heute meist verwenden, hieß Maibutter und galt als besondere Delikatesse.

In ärmeren Haushalten war ein Schmalztopf in der Küche unverzichtbar. Hierfür wurde in der Küche anfallendes Fett, etwa vom Braten oder von der Suppe abgeschöpft, gesammelt und wiederverwendet. Hieronymus Bock betrachtet die Praxis optimistisch:

Nehmt drei Teile schönes, frisches, reines Schweineschmalz und zwei Teile Rindertalg miteinander zerlassen und Salz hineingemischt. Damit können arme Leute ihre Gemüse und magere Suppen zubereiten und schmälzen, es ist sehr lieblich in der Kost zu gebrauchen.

(*Teutsche Speißkammer*, S. LXXXIIII v)

Zutaten
zum Vorrat

250 g Schweineschmalz
175 g Rindertalg
2 TL Salz

20 Minuten Zubereitungszeit

Schmalz und Talg in einem Kochtopf bei niedriger Hitze schmelzen und verrühren. Salz dazugeben und in einen Keramiktopf oder Weckgläser füllen. Erkalten lassen. Mit diesem Fett kann man braten oder es zu Suppen und Gemüsegerichten verwenden, und es kann auch mit Brot gegessen werden. Der Geschmack relativer Armut dürfte vielen Landsknechten aus ihrem zivilen Leben vertraut gewesen sein.

Käsesuppe

Als stärkende Mahlzeit wird in den Quellen häufig Käsesuppe erwähnt. Rezepte gibt es wenige, doch beschreibt das *Klosterkochbuch* die Herstellung recht detailliert. Käse wurde in Brühe gekocht und durchpassiert oder zerrührt, um eine sämige Suppe zu erreichen.

Lange Käse heraus, wasche sie rein aus in einem reinen warmen Wasser, schneide sie klein, tu sie in einen Topf und setze sie zum Feuer mit Wasser, wirf darein geschälte Zwiebeln, grüne Petersilie, Kraut und Wurzel und Salbeiblätter, lass das wohl sieden und gib acht, dass es nicht anbrennt. Wenn es dann gesotten ist, so treib es durch ein Tuch oder Sieb, tu sie wieder in einen reinen Topf, mache sie fett ab mit Butter, schütte ganzen Kümmel darein, salze sie und bringe sie zu Tische.

(*Klosterkochbuch*, IV.33)

Zutaten

für 4 Personen

150 g vollfetter Käse (Gouda, Cheddar o. Ä.)

1 Petersilienwurzel

2 EL gehackte Petersilie

frischer Salbei

1 l Brühe

Salz

Kümmel

30 Minuten Zubereitungszeit

Der Käse kann nach Geschmack gewählt werden. Besonders gut geeignet sind vollfette, reife Käse wie mittelalter Gouda, Cheddar oder Emmentaler. Schmelzkäse vereinfacht die Zubereitung, ist aber natürlich nicht historisch korrekt.

Den Käse in kleine Stücke schneiden oder grob reiben. Die Petersilienwurzel schälen und in dünne Scheiben schneiden. Petersilie und Salbei fein hacken. Die Brühe zum Kochen bringen und die Petersilienwurzel weich kochen. Dann Petersilie und Salbei einrühren und den Käse zugeben. Das Ganze einige Minuten unter stetigem Rühren zusammen kochen lassen, bis der Käse geschmolzen ist. Dann die Suppe durchpassieren oder sämig pürieren. Mit Salz abschmecken und mit Kümmel bestreut heiß mit Brot servieren.

Krautsuppe

Suppe war eine Hauptspeise der ärmeren Schichten und auf jedem Tisch ein vertrauter Anblick. Mit Suppe waren mehr oder weniger flüssige Speisen gemeint, die man mit Brot servierte.

Die Bandbreite der Rezepte reicht von fein gewürzten Mandelmilchsuppen mit gezuckertem Weißbrot bis hin zu einfachen Gemüsesuppen mit grobem, altbackenem Bauernbrot, das erst im Teller eingeweicht wieder essbar wurde. Krautsuppe, also Suppe mit Kohl oder Blattgemüse, gehörte zu den verbreitetsten Arten. Marx Rumpolt beschreibt sie in dürren Worten:

Setz Kraut zu mit einer Krautsuppe, sei es geschnitten oder gehackt, dann nimm ganzen Pfeffer und ganze Muskatblüte darunter und lass sie damit sieden. Wenn du sie anrichten willst, so nimm geröstete Schnitten von einem Weck oder Roggenbrot, schmälze sie mit heißer Butter und bestreue sie mit Ingwer.

(Rumpolt, S. CLXII r)

Zutaten

für 4 Personen

500 g Weißkohl
1,5 l Fleischbrühe
Muskatblüte
ganze Pfefferkörner

2 Stunden Zubereitungszeit

Den Kohl grob hacken. Mit der Fleischbrühe in einem Kochtopf aufsetzen und 75–90 Minuten langsam köcheln lassen. Ganze Blätter Muskatblüte und Pfefferkörner mitkochen (bei einer einfachen Version die Gewürze auslassen). Wenn nötig, Flüssigkeit nachgießen. Diese Art Suppe lässt sich gut in einem Druckkochtopf zubereiten. Sie braucht dann 30 Minuten bei vitaminschonender Einstellung.

Mit geröstetem Brot und Butter servieren.

Eine Krautsuppe konnte mit Speck oder Fleisch, Wurzeln oder anderem Gemüse reichhaltiger gestaltet werden, wenn sie die einzige Mahlzeit darstellte. Rumpolts Rezept ist für eine Vorsuppe.

Erbsensuppe

Erbsensuppe gehörte zu den einfachen Gerichten, die überall vertraut waren und von allen gegessen wurden: heiß, sättigend, leicht zu kochen und lange warmzuhalten. Ein Rezept findet sich bei Balthasar Staindl, der es allerdings auf die Bedürfnisse seiner wohlhabenden Kundschaft abstimmt.

Lautere Erbsensuppe: Siede die Erbsen, nimm nur die klare Brühe, hacke Zwiebeln sehr klein, mach es gelb, würze es, gib Schmalz und Muskatblüte und geröstete Semmel dazu. [...] aber wenn man sie dick macht, passiert man die Erbsen etwas, gibt gebratene, geschnittene Zwiebeln dazu, macht sie gelb und würzt sie. Man muss sie kräftig rühren, und wenn gewünscht, durchseihen.

(Staindl, #256)

Die dicke Suppe, die er im zweiten Teil beschreibt, dürfte dem näher kommen, was auch in bäuerlichen Haushalten gekocht wurde, wenn auch ohne Safran und exotische Gewürze. Kräftiges und stetiges Rühren ist nötig, damit sie auf einem Kochfeuer nicht ansetzt.

Zutaten

für 4 Personen

500 g Schälerbsen
Wasser
1,5 l Brühe
2 Zwiebeln
2 EL Schmalz
Salz
Essig
Gewürze

24 Stunden Einweichzeit, 1 Stunde Kochzeit

Die Erbsen über Nacht einweichen. Das Einweichwasser abgießen, die Erbsen mit der Brühe aufsetzen und 60 Minuten köcheln lassen. Kurz vor dem Ende der Kochzeit die Zwiebeln schälen, fein hacken und im Schmalz anbraten. Zur Erbsensuppe geben und alles miteinander zerrühren oder pürieren. Mit Salz, Essig und Gewürzen abschmecken. Muskatblüte passt sehr gut. Heiß über geröstetem Brot servieren.

Man kann in einer solchen Erbsensuppe Speck, Würste oder Gemüse mitkochen und das ist ziemlich sicher auch geschehen, wenn sie die ganze Mahlzeit bildete. In wohlhabenden Haushalten war die Suppe nur ein Teil des Essens und wurde entsprechend einfacher gehalten.

Mus

Das einfachste Essen, häufig in kleinen Töpfen für einzelne Personen gekocht, war Mus. Zu jedem Gemälde von Jesu Geburt gehört ein treu sorgender Joseph, der einen Breitopf rührt. Auch im Landsknechtlager dürfte es häufiger Mus gegeben haben, als vielen lieb war. Die Zutaten waren einfach zu transportieren, es war schnell zubereitet und flexibel. Rezepte für Mus sind in vielerlei Form überliefert, wobei es meistens um Kunstgriffe geht. So schreibt Balthasar Staindl:

Nimm Haferbrei oder Mehl, koch es in heißem Schmalz, rühre es ab und gib Wasser oder Fleischbrühe oder Erbsenbrühe daran. Du kannst es auch mit Erbsenmehl machen.

(Staindl, #270)

Dies ist das Standardrezept für kleine Portionen Getreidebrei. Das Getreide vor dem Kochen kurz in Schmalz anzubraten, hebt den Geschmack und produziert Röststoffe. Für größere Mengen ist dies aber nicht praktisch. Sie wurden ohne diesen Schritt in großen Töpfen gekocht.

Getreidemus

20 Minuten Zubereitungszeit

Zutaten

für 4 Personen

2 EL Schmalz

250 g Hafergrütze

1 l Fleischbrühe

Das Schmalz in einem Kochtopf zerlassen und die Grütze kurz anbraten. Mit der Brühe ablöschen und langsam zum Köcheln bringen. Unter stetem Rühren ausquellen lassen.

Diese Zubereitungsart eignet sich für alle Arten von Getreidegrütze und statt Brühe kann man auch Milch oder Wein verwenden. Das fertige Mus kann mit Eiern, Butter, Gewürzen oder Zucker verfeinert werden. Auf Milchmus gab man Triget (siehe S. 122).

Brotmus

Für Reisende in Eile oder mit wenig Ausstattung gab es Brotmus. Die einfachste Form war sicherlich, geriebenes Brot anzufeuchten und so zu servieren. Das *Klosterkochbuch* beschreibt eine solche Bierkaltschale.

Reibe ein altbackenes Brot, tue es in das Bier, nicht zu dicke noch zu dünne, tue darein gestoßenen Kümmel, Anis und Koriander und ein wenig Zucker oder Honig, rühre es flugs durcheinander und richte es an.

(*Klosterkochbuch*, IV.55)

Ein detailliertes Rezept braucht es hier nicht. Dass allerdings gewöhnliche Landsknechte ihr Biermus mit Zucker, Anis und Koriander würzten, ist eher unwahrscheinlich. Sabina Welser hat Anweisungen für eine angereicherte Version:

Ein gutes Semmelmus: Nimm geriebenes Brot von Semmeln, zertreib es in einer Pfanne mit Fleischbrühe und lass es gut miteinander sieden, dass es musig werde. Danach nimm vier Eierdotter geschlagen mit kalter Fleischbrühe und lass das miteinander sieden.

(Sabina Welser, #127)

Zutaten

für 4 Personen

750 ml Fleischbrühe
4 Eidotter
250 g Paniermehl
eventuell Salz und Butter

15 Minuten Zubereitungszeit

Zwei Schöpfkellen Brühe abnehmen und mit den Eidottern schlagen. Den Rest in einem Topf zum Kochen bringen und das Paniermehl langsam einrühren. Unter stetem Rühren köcheln lassen, bis ein sämiger Brei entsteht. Die Eidotter einrühren und stocken lassen. Wenn gewünscht, mit Salz und Butter abschmecken und servieren.

Krauses Mus

Mehlspeisen waren schon im sechzehnten Jahrhundert besonders in Süddeutschland verbreitet. Wir finden in vielen Kochbüchern Rezepte für Nudeln verschiedener Art, die in Milch oder Brühe gekocht und in Suppe, als Hauptspeise oder als Beilage gegessen wurden. Die meisten davon sind allerdings sehr aufwendig herzustellen. Es ist schwer vorstellbar, dass eine Soldatenfrau oder ein Sudler sich diese Mühe machte. In der *Kuchenmaistrey (Küchenmeisterei)* findet sich aber ein Hinweis auf ein *zotten mües*, ein krauses Mus, und dies Rezept kennen wir aus einem österreichischen Manuskript. Es beschreibt eine einfache Art, Nudeln zuzubereiten, die man sich auch in einer Lagerküche gut vorstellen kann, und war um 1490 vertraut genug, um nicht im Detail beschrieben zu werden.

Nimm gutes Semmelmehl, mache einen Teig mit Eiweiß und halte kochende Milch in einer Pfanne bereit. Nimm den Teig und zupfe ihn klein hinein, während die Milch kocht. Sie soll vorher gesalzen werden. Gib auch Schmalz dazu. Sieh, dass es wurmförmig bleibt, versalz es nicht und serviere es.

(Dorotheenkloster MS, #150)

Balthasar Staindls *Kochbuch* von 1569 bietet ein ähnliches Rezept, bei dem der Teig ausgerollt und dann unregelmäßig geschnitten wird. Das scheint zu dieser Zeit in der gehobenen Küche Standard geworden zu sein – Nudeln mit der Hand zu formen ist bäurisch. Staindls Version wird gezuckert, nicht gesalzen.

Zutaten

für 4 Personen

5–6 Eier (oder 10 Eiweiß)
500 g Mehl
1 l Milch
Salz
Butter

30 Minuten Zubereitungszeit

Eier und Mehl zu einem steifen, trockenen Teig verkneten und zu einer Kugel formen. Der Teig kann am Vortag vorbereitet werden. Die Milch leicht salzen und in einem ausreichend großen Topf zum Kochen bringen. Kleine, längliche Stücke von der Teigkugel reißen und in die siedende Milch geben, bis der gesamte Teig verbraucht ist. Bei geringer Hitze ausquellen lassen, etwas Butter zugeben und servieren.

Eier im Schmalz

Eier, nahrhaft, lagerfähig und vielseitig, waren universell beliebt. Eierspeisen gehörten zum Alltag, und viele waren einfach und schnell zubereitet. Nicht zuletzt konnte man frische Eier roh austrinken oder in der Asche eines Kochfeuers garen, aber auch Rührei oder pochierte Eier werden erwähnt. Rezepte für solche Techniken finden sich kaum, sie waren zu selbstverständlich. Auch die beliebten Eier im Schmalz werden nicht oft beschrieben. Balthasar Staindl überliefert ein etwas umständliches Rezept:

Schlag ein Ei in eine Schüssel, salze es und tu ein wenig Mehl darauf. Nimm in einer Pfanne ein Schmalz und lass es gar heiß werden, tu es darein, back es, kehr es um, dass es braun werde, und gib es trocken oder in ein Gescherb von Äpfeln.

(Staindl, #208)

Im *Kunstbuch von mancherlei Essen* des Franz de Rontzier werden auf einer Seite gebratene Eier erwähnt. Er schlägt vor, Rosmarin oder Salbei mit in die Pfanne zu geben oder die gebratenen Eier mit Salz und Pfeffer oder mit Parmesankäse zu servieren. Sie passen aber auch gut zu Apfelsauce (siehe S. 116).

Zutaten

Zutaten pro Person

1 TL Schmalz
eventuell Rosmarin oder Salbei
2 Eier
Salz
Mehl

5 Minuten Zubereitungszeit

Schmalz in einer Pfanne erhitzen (es darf gern etwas mehr sein, als für moderne Spiegeleier üblich). Rosmarin oder Salbei, wenn gewünscht, mit anbraten. Je ein Ei vorsichtig in eine flache Schüssel schlagen, sodass das Eigelb ganz bleibt. Leicht salzen und mit etwas Mehl bestäuben, dann vorsichtig ins heiße Fett gleiten lassen. Wenn das Eiweiß gestockt hat, die Eier wenden und auf der anderen Seite zu Ende braten.

Eierkuchen

Einige Rezepte bei Franz de Rontzier beschreiben Eierkuchen, eine Art Omelett mit verschiedenen Beigaben. Das Rezept ist nicht detailliert, aber ziemlich intuitiv und sehr schmackhaft. Neben Speck und Zwiebeln gibt es diese Kuchen auch mit Lachs, Räucherhering, Rosinen und Parmesankäse.

Man brät mageren Speck mit Zwiebeln und Äpfeln, schlägt Eier darauf und lässt sie durchbacken.

(de Rontzier, S. 535)

Zutaten

Zutaten pro Person

50 g Speck
½ Apfel
½ Zwiebel
Schmalz zum Braten
2 Eier

10 Minuten Zubereitungszeit

Speck und Apfel würfeln, Zwiebel in feine Ringe schneiden. Alles in einer Pfanne in Schmalz rasch anbräunen, dann die Eier darübergeben. Die Hitze reduzieren und ohne Umrühren bei geschlossenem Deckel garen.

Wenn man Eierkuchen mit Fisch zubereitet, sollte man den Fisch in der Pfanne in kleine Stücke zerteilen. Parmesankäse gibt man erst mit den Eiern in groben Bröckchen in die Pfanne, er sollte nicht komplett schmelzen.

Arme Ritter

Arme Ritter sind ein weiteres Gericht mit einer langen Vergangenheit, das gelegentlich erwähnt, aber kaum je in einem Rezept beschrieben wird. Franz de Rontzier gibt kurze Anweisungen für etwas, das zu seiner Zeit bereits selbstverständlich vertraut war. Allerdings dürfte die Muskatblüte in der Alltagskost verzichtbar gewesen sein.

Arme Ritter von weißem Brot.
Man schneidet Weißbrot in Scheiben oder rund, legt es in Eier, die mit Muskatblüte durchgeschlagen sind, und bäckt sie in Butter. Das Weißbrot wird auch zuvor in Milch eingeweicht und danach mit Eiern in Butter gebraten.

(de Rontzier, S. 527)

Zutaten

für 4 Personen

6 Eier

eventuell Muskatblüte

4 daumendicke Scheiben altbackenes Weißbrot

Butter zum Braten

10 Minuten Zubereitungszeit

Die Eier in einem tiefen Teller oder einer Schüssel schlagen. Wenn gewünscht, Muskatblüte dazugeben. Die Brotscheiben nacheinander im geschlagenen Ei einweichen. Butter in einer Pfanne erhitzen und die Brotscheiben nicht zu heiß braten. Hierzu passen Triget (siehe S. 122) oder eine fruchtige Sauce.

Senfeier

Marx Rumpolt überliefert neben einer Vielzahl höfischer Zubereitungsarten auch ein einfaches Gericht, das man aus hart gekochten Eiern zubereitete: Senfeier in der Pfanne. Diese heiße, würzige und reichhaltige Mahlzeit dürfte auch schon Landsknechten geschmeckt haben. Erfunden hat Rumpolt sie sicher nicht.

Nimm Eier, die hart gesotten und sauber geschält sind, und schneide sie viertelweise oder rund und dünn. Nimm Butter in eine Pfanne, mach sie heiß und wirf die harten Eier darein. Röste sie wohl in der Butter und versalze sie nicht. Tu sauren Senf, der mit Essig angemacht ist, darein, wirf es zwei oder drei Mal mit dem Senf in der Pfanne herum und gib es warm auf den Tisch. So ist es gut und wohlgeschmack.

(Rumpolt, S. CXLVI v)

Zutaten

Zutaten pro Person

3 hart gekochte Eier

1 EL Butter

2 EL Senf

10 Minuten Zubereitungszeit

Eier schälen und grob schneiden. Butter in der Pfanne zerlassen und die Eier kurz scharf anbraten. Großzügig Senf zugeben und umrühren. Heiß mit Brot servieren.

Pfannkuchen

Pfannkuchen sind eine weitere einfache und ansprechende Art, Eier zu einer Mahlzeit zu verarbeiten. Neben einfachem Pfannkuchenteig gibt es eine Reihe von Rezepten, die mit altbackenem geriebenem oder gewürfeltem Brot arbeiten. In den Kochbüchern werden sie mit teuren Zutaten veredelt, aber es gab sie sicher auch in der einfachen Küche ohne Trockenfrüchte und Gewürze. Balthasar Staindl beschreibt die Zubereitung sehr anschaulich:

So nimm gar harte Semmelstücklein, stoß sie gar klein und nimm derselbigen Semmeln so viel du willst. Schlag Eier daran, salz es, tu etliche Rosinen auch darein. So es eine Weile steht, ziehen die Semmeln die Eier trocken an sich. So schlag danach mehr Eier dazu, sodass es die rechte Dicke gewinne, und schlag ihn dann fein in der Weise von Küchlein in das Schmalz. Es darf nicht zu heiß sein. Bewege die Pfanne, so gehen sie auf. Über solche Küchlein gib eine gelbe Pfeffersauce oder ein Mandelgescherb, oder ein Gescherb von Äpfeln, und würze die Sauce.

(Staindl, #203)

Zutaten

für 4 Personen

250 g altbackenes Weißbrot
6–8 Eier
Salz
eventuell Milch
Schmalz zum Braten

30 Minuten Zubereitungszeit

Das Brot würfeln oder zerstoßen (ältere Rezepte sehen oft gewürfeltes Brot vor) und in eine Schüssel geben. 6 Eier darüberschlagen und umrühren. Mit etwas Salz abschmecken. Den Teig 10 Minuten stehen lassen und wenn nötig weitere Eier zugeben oder mit etwas Milch verdünnen. Er sollte dick, aber nicht trocken sein. Mit einem Löffel kleine Küchlein abstechen und in einer Pfanne in reichlich Schmalz 8–10 Minuten braten. Bei stückigem Teig muss man sie dafür etwas flach drücken. Heiß servieren. Dazu passen zum Beispiel Apfelsauce (siehe S. 116) oder Triget (siehe S. 122).

Erbsküchlein

Dieses Rezept aus der *Küchenmeisterei* wertet im Grunde sehr gewöhnliche Erbsen zu einem ansprechenden, für Fastentage geeigneten Gericht ohne Fleisch, Ei und Milchprodukte auf. Für fromme Landsknechte, die die Fastengebote einhielten, war so etwas sicher interessant.

Mach aus dem anderen Teil der Erbsen gute Küchlein so: Bestreu die Hand mit Mehl und forme die Küchlein. Mach ein Teiglein aus gegilbtem Wein und ziehe die Küchlein da durch. Heb sie mit einem Löffel heraus in die Pfanne und back aus so viele du willst.

(*Küchenmeisterei*, 2. LVIII-LXI)

Zutaten

Beilage für 4 Personen

200 g Schälerbsen
Salz
Wasser
eventuell Paniermehl
Safran
250 ml Weißwein
150 g Mehl
Fett zum Ausbacken
Mehl zum Verarbeiten

2 Stunden Zubereitungszeit

Die Schälerbsen in leicht gesalzenem Wasser weich kochen und gründlich abgießen. Die Erbsen passieren oder mit einem Kartoffelstampfer pürieren. Das Püree sollte so steif und trocken sein, dass man es mit einem Löffel abstechen kann. Wenn es zu dünn ist, kann es mit Paniermehl angedickt werden. Mit Salz abschmecken.

Etwas Safran im Wein auflösen und mit Mehl zu einem flüssigen Teig verrühren. Mit Salz abschmecken. Fett in der Fritteuse erhitzen.

Aus dem Erbspüree mit bemehlten Händen etwa walnussgroße Kügelchen formen. Mit einer Gabel vorsichtig im Teig wenden und sofort ins heiße Fett gleiten lassen. Etwa 3–5 Minuten garen. Warm servieren.

Die *Küchenmeisterei* schlägt vor, diese Küchlein entweder in einer süßen Würzsauce mit Wein oder in einer Pfeffersauce auf Mehlschwitzenbasis zu servieren. Als dritte Möglichkeit sollen sie mit frittierten Apfelschnitzen und Honig auf den Tisch gegeben werden. Dafür schält und entkernt man einen Apfel, schneidet ihn in dünne Schnitze, wendet sie im restlichen Ausbackteig und frittiert sie nach den Erbsküchlein.

Hutzelbirnen im Brotpfeffer

Getrocknete Birnen, sogenannte Hutzeln oder Bauernfeigen, wurden vom Herbst an ins kommende Jahr auf Vorrat gehalten. Die *Küchenmeisterei* enthält ein interessantes Rezept, wie man sie für arme Leute in einer Pfeffer genannten Würzsauce zubereitet. Allerdings ist es wohl für den Geschmack der gehobenen Klasse abgeändert, denn Ingwer gehörte sicher nicht zum Alltagsbedarf von Kleinbauern oder Tagelöhnern:

Solche Birnen mit einem Brotpfeffer zu essen, ist eine gute Kost für arme Leute, Roggenbrot hineingerieben und gegessen, das speist wohl und stärkt einen bösen Magen. Abgemacht nur mit Salz und lauterem Ingwer, nur mit Wein und Essig.
(*Küchenmeisterei*, 1. XXIII)

Zutaten

für 4 Personen

300 g getrocknete Birnen
Wasser
250 ml Weißwein
100 g geriebenes dunkles Roggenbrot
Essig
Salz
Ingwer

24 Stunden Einweichzeit, 45 Minuten Kochzeit

Die Birnen über Nacht knapp bedeckt in Wasser einweichen. Mit dem Wein in einen Kochtopf geben und Einweichwasser aufgießen, bis sie gut bedeckt sind. Langsam weich köcheln lassen. Die Birnen mit einem Schaumlöffel vorsichtig aus dem Topf heben, das geriebene Brot in die Kochflüssigkeit einstreuen und passieren oder pürieren. Die Sauce sollte jetzt dickflüssig sein. Mit Essig, Salz und Ingwer abschmecken und die Birnen wieder dazugeben. Heiß servieren.

Ein wirklich armer Haushalt hätte wohl weder Ingwer noch Wein zur Verfügung gehabt. Für den modernen Geschmack kann man mit Honig süßen.

Getrocknete Birnen sind nicht mehr leicht zu bekommen. Feste, aromatische Früchte (z. B. Kochbirnen, jedoch keine weichen, saftigen Speisebirnen) können aber im Ofen getrocknet werden. Dazu vierteln und das Kernhaus herausschneiden. Die Viertel mit der Schalenseite nach unten auf ein Ofengitter legen und in einem Backofen bei 75 °C über Nacht trocknen. Dabei einen Kochlöffelstiel in die Tür klemmen, damit die Feuchtigkeit besser abziehen kann. Am folgenden Tag die Viertel auf einen Heizkörper legen oder auf Zwirn ziehen und aufhängen, damit sie fertig trocknen können.

Spießbraten

Bratspieße tauchen auf Bildern von Landsknechtlagern immer wieder auf, und frisches Fleisch war auf dem Lagermarkt zu bekommen. Auf städtischen Märkten war „Brät“, also Bratenfleisch, die teuerste Sorte, und das wird hier nicht anders gewesen sein.

Bratenfleisch wurde am Spieß, in einiger Entfernung vom Feuer (also „kühl“), langsam gegart und dabei regelmäßig begossen. Die Technik war anspruchsvoll, aber so vertraut, dass es kaum detaillierte Rezepte gibt. Aus verschiedenen Quellen wissen wir, dass mageres Fleisch mit Butter oder anderem Fett begossen wurde, Krustenbraten mit Salzwasser. Das *Klosterkochbuch* beschreibt eine einfache Zubereitung.

Nimm den Braten, klopfe ihn weich, salze ihn ein, lass ihn also Tag und Nacht liegen, stecke ihn danach an den Spieß und setze in einem Töpflein Salzwasser zum Feuer und begieße ihn also heiß damit, dass er halb damit brate, danach, wenn er ganz gar geworden ist, serviere ihn.

(*Klosterkochbuch*, III.27)

Zutaten

für 4 Personen

1 kg Bratenfleisch

für mageres Fleisch 125 g zerlassene Butter

für fettes Fleisch 500 ml Salzwasser

2½ Stunden Zubereitungszeit

Einen Spießbraten in der modernen Küche zu imitieren ist nicht einfach. Am besten geht es auf einem Schwenkgrill, wenn man das Fleisch regelmäßig umdreht und begießt. Im Backofen ist ein Bräter hilfreich. Wer einen Spieß hat, kann natürlich den benutzen.

Den Backofen auf 150 °C vorheizen. Das Fleisch in einen Bräter geben und entweder mit etwas Butter einreiben oder mit etwas Salzwasser begießen. Auf mittlerer Schiene im geschlossenen Bräter langsam garen. Alle 10–15 Minuten begießen, dabei auch vom Fleischsaft aus dem Bräter nehmen. Nach ca. 2 Stunden die Hitze auf 180 °C erhöhen und den Braten bei geöffnetem Bräter etwa 30 Minuten weiter garen. Dabei in kürzeren Abständen begießen, damit er nicht austrocknet.

Man stellte gewöhnlich eine Fettpfanne unter den Bratspieß, in der der heruntertropfende Fleischsaft und das Fett aufgefangen wurden. Damit wurde der Braten begossen, und in dieser Pfanne wurde auch Gemüse langsam gegart. Dies konnte dann als Beilage zum Braten gereicht werden. Wenn der Bräter groß genug ist, kann man auch hier Gemüse zum Braten geben und es zusammen servieren.

Ungarischer Braten

Marx Rumpolt überliefert das Rezept für einen mit Knoblauch marinierten Braten. Die Zutaten waren in jedem Dorf verfügbar, und da Knoblauch mit bäuerlichem Essen assoziiert wurde, passt es auch zum proletarischen Image der Landsknechte.

Nimm einen Rinderbraten und beize ihn über Nacht. Gib halb Essig und halb Wasser in die Brühe, dazu gestoßenen Knoblauch und ein wenig Salz. Lass den Braten darin über Nacht liegen. Nimm ihn morgens aus der Beize, salze ihn, stecke ihn an den Spieß und brate ihn. Nimm die Beize, in der der Braten gelegen hat, seihe sie ab, sodass die festen Teile auf dem Boden (der Schüssel) bleiben, gib sie mit etwas gemahlenem Pfeffer und ungeschmolzener Butter in einen kleinen Fischkessel und lass sie sieden. Stelle sie in einer verzinnten Pfanne unter den Braten und begieße ihn damit. So ist es ein gutes Essen für polnische und ungarische Herren.

(Rumpolt, S. XLV)

Zutaten

für 4 Personen

für die Beize:

250 ml Weißweinessig
250 ml Wasser
2 Knoblauchknollen
Salz

1 kg Rinderbraten
Salz
50 g Butter
Pfeffer

24 Stunden Vorbereitungszeit,
2 Stunden Kochzeit

Am Vortag Essig und Wasser in einer Schüssel mischen. Knoblauch schälen, zerdrücken und mit einem Esslöffel Salz in die Beize geben. Den Braten rundum mit einem spitzen Messer einstechen und über Nacht marinieren. Am nächsten Tag den Ofen auf 175 °C vorheizen. Den Braten aus der Beize nehmen, mit Salz einreiben und in einen Bräter legen. Die Beize durch ein Sieb in einen Edelstahltopf geben und mit der Butter und Pfeffer aufkochen. Braten etwa 90–100 Minuten im geschlossenen Bräter garen, dabei regelmäßig mit der Beize begießen.

Ein Sudler garte einen solchen Braten am Spieß an einem offenen Feuer und gab die Beize in eine daruntergestellte Pfanne, die den Fleischsaft auffing und aus der der Braten regelmäßig begossen wurde.

Kesselfleisch

Das wichtigste Handelsgut der Sudler war frisch geschlachtetes, gekochtes Fleisch aus ihren großen Kesseln. Auch in vielen Haushalten wurde Fleisch öfter gekocht als gebraten. Rezepte hierfür sind allerdings sehr selten, vermutlich, weil es so einfach war, dass es keines Rezeptes bedurfte: Fleisch in den Topf, fertig. Auch das *Klosterkochbuch* verwendet mehr Sorgfalt auf die Sauce:

Nimm Rindfleisch, das gut ist, koche es, dass es gar werde, danach wasche Aschlauch so viel dich dünkt, zerreibe den klein, zerlasse ihn in einem sauren Wein oder Essig. Wenn das Fleisch gekocht ist, so gieß das alles oben auf und denke an das Salz.

(*Klosterkochbuch*, III.23)

In der Realität ist es nicht ganz so simpel. Fleisch zart zu sieden braucht eine gewisse Erfahrung. Heute verkauftes Fleisch ist nicht schlachtfrisch, sondern abgehangen, und muss entsprechend langsamer gegart werden, damit es nicht zäh wird. Besonders gut geeignetes Siedefleisch wie etwa Tafelspitz wird von Fleischern in Süddeutschland oft angeboten, im Norden bekommt man es schwerer. Bratenfleisch ist ein besserer Ersatz als Suppenfleisch.

Zutaten

für 4 Personen

- 1,5 kg durchwachsenes Bratenfleisch oder Siedefleisch
- Wasser
- Salz
- eventuell Markknochen
- eventuell Wurzelgemüse oder Suppengrün
- eventuell Zwiebeln

2 Stunden Zubereitungszeit

Das Fleisch in einem Kochtopf in siedendes, gesalzenes Wasser legen und bei gelinder Hitze 2 Stunden leise köchelnd garen. Dabei gelegentlich den Schaum abschöpfen. Um zu verhindern, dass das Fleisch ansetzt, kann man kleine Holzstäbchen oder Markknochen auf den Topfboden legen. Das Fleisch ist gar, wenn man es mit einem Rouladenspieß oder spitzen Messer leicht durchstechen kann. Sofort aufschneiden und heiß mit Sauce servieren.

Wahrscheinlich wurde Gemüse im gleichen Kessel mitgekocht und mit serviert. Wurzelgemüse, Zwiebeln oder ein Bund Suppengrün verbessern den Geschmack auch dann, wenn sie nicht mitgegessen werden. 30 Minuten vor dem Servieren mit in den Kochtopf geben.

Pfannenfleisch

Frisches Fleisch wurde auch mit Gewürzen in der Pfanne angebraten und langsam in Brühe gegart. Das war eine eher extravagante Methode, aber das scharf gewürzte Gericht eignete sich hervorragend dazu, zum Trinken zu animieren. Balthasar Staindl beschreibt eine einfache Form:

So nimm auch das dicke Brät (Bratenfleisch) von einem Kalb oder von einem jungen Schaf und schneide dünne Blättlein mit einem Messer herab, einen Finger lang und zwei Finger breit. Zerschlage sie mit dem Messerrücken. Nimm ein ziemliches Schmalz in der Pfanne, lass es heiß werden und schütte das Fleisch hinein. Lass es lange im Schmalz rösten. So es eine gute Weile geröstet hat, gieß einen Trunk Essig daran und eine Fleischbrühe. Ist die Fleischbrühe gesalzen, so tu ein wenig Salz in die Pfanne, es wird sonst gar leicht versalzen. Eh du es daran gießt, nimm wohl ein Nelkenpulver und würze es so, dass es schwarz wird. Lass es so lange sieden, bis es lind wird. Es gewinnt eine feine dicke Sauce. Gib es auf einer Platte, das ist gut.

(Staindl, #166)

Zutaten

für 4 Personen

750 g Rouladenfleisch oder Lammkeule
4 EL Schmalz oder Butterschmalz
Essig
500 ml Fleischbrühe
Salz
Gewürz nach Belieben (Nelken passen gut zu Lammfleisch)

45–60 Minuten Zubereitungszeit

Das Fleisch zu etwa 7 cm langen und 4 cm breiten Streifen schneiden und mürbe klopfen. Schmalz in einer tiefen Bratpfanne oder einem gusseisernen Topf zerlassen und das Fleisch unter dauerndem Rühren scharf anbraten. Wenn die Streifen rundherum gebräunt sind und Fleischsaft ausschwitzen, mit einem Schuss Essig ablöschen und die Brühe aufgießen. Mit Salz abschmecken und nach Belieben würzen. Die Hitze reduzieren und langsam köcheln lassen, bis die Flüssigkeit stark reduziert ist. Das kann eine Stunde oder länger dauern, aber das Fleisch wird dabei sehr zart. Heiß mit Brot und Butter servieren.

Wildpfeffer

Fleisch wurde oft „in einem Pfeffer“, also einer Würzsauce, serviert. Ein Rezept für Wildbret findet sich bei Sabina Welser, aber auch Geflügel oder Kaninchenfleisch wurde im Pfeffer gekocht.

Wildbret im Pfeffer einzumachen

Siede frisches Wildbret in zwei Teilen Wasser und einem Teil Wein. Wenn es gesotten ist, schneide es zu Stücken und lege es in eine Pfeffersauce und lass es eine Weile darin sieden. Mach es so: Nimm Roggenbrot, schneide die harte Rinde davon herunter und schneide das Brot zu Stücken, einen Finger dick und so breit, wie der Laib selbst breit ist. Brenn das über dem Feuer, bis es anfängt, an beiden Enden schwarz zu werden. Dann lege es in kaltes Wasser, lass es nicht lange darin liegen. Tu es dann in einen Kessel, gieß die Brühe daran, in der das Wildbret gesotten wurde, und seihe es durch ein Tuch. Hacke Zwiebeln und Speck sehr klein, lass es untereinander braten und tu nicht zu wenig in die Pfeffersauce. Würze sie wohl, lass sie einsieden und tu Essig daran, dann hast du einen guten Pfeffer.

(Sabina Welser, #4)

Zutaten

für 4 Personen

750 g Fleisch in Stücken (etwa Wildgulasch)
250 ml Wein
Wasser
2 fingerdicke Scheiben Roggenbrot ohne Rinde
100 g durchwachsener Speck
2 Zwiebeln
Salz
Pfeffer und Gewürze nach Belieben
Essig

1 Stunde oder mehr Zubereitungszeit

Das Fleisch in einen Topf geben, den Wein dazugießen und mit Wasser auffüllen, bis es bedeckt ist. Leise köchelnd garen, bis das Fleisch nicht mehr zäh ist. Das kann je nach Fleischsorte unterschiedlich lange dauern. Das Brot toasten und kurz in kaltem Wasser einweichen. Den Speck und die Zwiebeln fein würfeln.

Das Fleisch aus der Brühe nehmen. Speck und Zwiebeln in einem Topf anbraten und mit der Brühe ablöschen. Die Brotscheiben zugeben, kurz aufkochen lassen und pürieren. Dann das Fleisch zugeben und kocheln lassen. Die Sauce mit Salz, Pfeffer und Essig abschmecken. Andere Rezepte erwähnen auch Ingwer, Safran, Muskatnuss und Muskatblüte.

Fürhess

Ein Fürhess oder Füressen war ein Gericht, das man aus den weniger ansprechenden Teilen eines kleineren Tieres zubereitete. Fürhess bereitete man aus Geflügel, Kaninchen und anderem Fleisch, wenn die besseren Teile für ein anderes Gericht gebraucht wurden. Die wichtigste Zutat war das Blut des frisch geschlachteten Tieres, was es heute schwierig macht, das Gericht zu realisieren. Manche traditionellen Fleischereien verkaufen noch frisches Schweineblut, das man dafür verwenden kann. Die Innsbrucker Rezepthandschrift beschreibt die Zubereitung.

Willst du ein Fürhess machen, so siede das Fleisch und hacke es und gieß das Blut darunter mit Wein oder Essig. Reibe Brot darunter und Honig. Tu auch Gewürz darunter und tu klein gehackte Zwiebel auch darunter und schmälze es. Mach es so ab und salze es etc.

(Innsbruck MS, #37)

Andere Rezepte erklären detaillierter, dass die Zwiebel angebraten wird, und erwähnen manchmal Äpfel als weitere Zutat.

Zutaten

Beilage für 4 Personen

400 g Fleisch
Wasser
Salz
1 Zwiebel
eventuell 1 Apfel
Schmalz
250 ml frisches Blut
Salz
Honig
Essig
eventuell Paniermehl

1½ Stunden Zubereitungszeit

Als Fleisch eignen sich die unbeliebteren, fummeligen Teile wie Hühnerklein, Schweinepfoten oder der Vorderteil eines Kaninchens. Das Fleisch in gesalzenem Wasser gar kochen, von den Knochen lösen und grob hacken. Die Brühe behalten.

Die Zwiebel und (wenn gewünscht) den Apfel fein würfeln. In einer tiefen Pfanne Schmalz zerlassen, Zwiebel und Apfel anbraten und das Fleisch dazugeben. Unter stetem Rühren langsam das Blut dazugeben, bis es zu stocken beginnt. Mit etwas Brühe aufgießen und köcheln lassen. Mit Salz, Honig und einem Schuss Essig abschmecken und wenn nötig mit Paniermehl andicken.

Man kann ein Fürhess auch in einem Topf zubereiten, wie es dieses Rezept wohl vorsieht, indem man das Blut in die kochende Brühe einrührt. Dabei klumpt es allerdings sehr leicht.

Gefüllter Magen (Fleischpudding)

Pudding ist hier im englischen Sinn zu verstehen – eine in einer Hülle gekochte Speise. Im sechzehnten Jahrhundert hätte man einen frischen Magen oder Fettdarm genommen. Heute empfiehlt sich ein eingefettetes Tuch oder eine verschließbare Puddingform aus Weißblech, die im Küchenbedarf zu bekommen ist. In Mägen gekochte Fleischgerichte, meist als Würste bezeichnet, wurden traditionell an Schlachttagen serviert, und da in einem Heerlager jeden Tag geschlachtet wurde, standen die Zutaten auch jeden Tag zur Verfügung.

Fülle den Magen so: Item nimm gehacktes Schweinefleisch, Eier, geschnittenes Weißbrot, feistes Fleisch, Pfeffer, Kümmel, Safran und Salz. Temperier das alles durcheinander und fülle damit den Magen nicht zu voll. Siede ihn frisch. Wenn er gar gesotten ist, löse die Fülle ganz aus dem Magen, schneide ihn zu vier Stücken und hacke ihn mit Eiern.

(Meister Hans, #65)

Zutaten

für 4 Personen

- 100 g Rückenspeck
- 750 g Schweinehack
- 2 Eier
- 200 g trockene Weißbrotwürfel oder grobes Paniermehl
- Pfeffer
- Kümmel
- Salz
- eventuell Safran
- Butter
- Mehl

1½ Stunden Zubereitungszeit

Rückenspeck fein würfeln und mit Fleisch, Eiern und Brot zu einer Fülle verarbeiten. Mit Pfeffer, Kümmel und Salz abschmecken (Safran für die gehobene Küche).

Ein sauberes Geschirrhandtuch ohne Löcher auf einer Arbeitsplatte ausbreiten, mit Butter bestreichen und mit Mehl bestäuben. Die Fleischfülle zu einer Wurst rollen, längs auf das Tuch legen und einrollen. Beide Enden mit Bindfaden zubinden.

Den Fleischpudding in einen Kochtopf mit siedendem Wasser legen und 45–60 Minuten köcheln. Mit zwei Schaumlöffeln entnehmen, abtropfen lassen und auf eine Arbeitsplatte legen. Bindfäden entfernen und vorsichtig ausrollen. Heiß mit Brot servieren. Diese Fülle kann auch in einer Puddingform gegart und gestürzt werden.

Gefüllter Kohlkopf

Dieses Rezept ist ein Beispiel für den spielerischen Umgang mit Speisen, der in der Küche des sechzehnten Jahrhunderts verbreitet war.

Mach's also: Nimm schöne harte Kohlköpfe, scheide eine breite Scheibe beim Stängel herab und höhle die Köpfe inwendig aus, sodass sie ganz bleiben. Nimm dann Bratenfleisch von Lämmern, Kälbern oder Schweinen, das nicht alt ist, das hack gar klein, nimm Feiste darunter, die darf nicht zu fein gehackt sein. Schlage Eier daran, tu Rosinen dazu und füll es in den Kohl, tu die Scheibe wieder auf den Kohlkopf und stecke Zwecken darein. Überbrenn es wohl, wie sonst ein Kraut, seih es dann ab und gieß dann eine Schweinebrühe darüber. Siede es fein ab und schau, dass es nicht anbrennt. So du es anrichtest, siede Rahm, der gesäuert ist. Schneide die Kohlköpfe auf der Schüssel, so sieht man die Füllung im Kohl. Etliche machen gerührtes Ei mit Rosinen und füllen es in den Kohl.

(Staindl, #221)

Zutaten

für 4 Personen

1 mittelgroßer Weißkohlkopf
1 kg Hackfleisch (Schwein oder Kalb)
3-4 Eier
200 g Rosinen
100 g fein gewürfelter Rückenspeck
Salz
Fett zum Anbraten
2-3 l Fleischbrühe
1 Becher saure Sahne

3 Stunden Zubereitungszeit

Die äußersten Blätter des Kohlkopfes entfernen und den Kopf waschen. Dann am Strunkende eine 1–2 Finger breite Scheibe abschneiden und beiseitelegen. Den Kohlkopf vorsichtig aushöhlen.

Aus dem Hackfleisch, den Eiern, den Rosinen und dem Speck eine Füllung kneten. Die Füllung mit Salz abschmecken.

Die Füllung in den Kohlkopf geben und das abgeschnittene Stück mit Zahnstochern wieder befestigen und mit Bindfaden sichern. Hierbei eine Schlaufe binden, um den Kopf aus dem Kochwasser heben zu können.
In einem großen Kochtopf etwas Fett erhitzen. Den Kohlkopf auf allen Seiten anbraten, mit Fleischbrühe auffüllen und 2–3 Stunden köcheln lassen.
Die saure Sahne vor dem Servieren in einem kleinen Topf erhitzen und mit Salz abschmecken.

Gekochtes Huhn

Hühner wurden gebraten oder gekocht gegessen. Ein Rezept für eine einfache, ansprechende Zubereitung in einer mit Brot gebundenen Würzsauce findet sich bei Balthasar Staindl. Diese Art Sauce wurde auch mit anderen Fleischsorten verwendet.

So bereite die Hühner schön und sauber, tu sie in einen Topf, gieß Wein und Fleischbrühe daran, salze es zu Maßen, mach es gelb und würze es nicht zu viel. Mach die Brühe daran, und wenn du die Sauce dick haben willst, so nimm zwei geröstete Semmelschnitten, leg sie zu den siedenden Hühnern, und stoß sie, dass sie weich werden. So nimm die gesottenen Schnitten und die Lebern heraus, stoße sie und treib sie mit Gewürzen durch. Gieß das wieder an die Hühner und lass sie fertig sieden.

(Staindl, #172)

Zutaten

für 4 Personen

4 Hühnerschenkel (oder ein ganzes Huhn)
250 ml Weißwein
Fleischbrühe
Gewürze nach Belieben
2 Scheiben Weißbrot
1 Hühnerleber

45 Minuten Zubereitungszeit

Die Hühnerschenkel waschen und in einen Kochtopf geben. Wenn ein ganzes Huhn zubereitet wird, in vier Teile schneiden und in den Kochtopf geben. Wein dazugeben und mit Brühe auffüllen, bis das Fleisch knapp bedeckt ist. Nach Belieben würzen (Pfeffer für die einfache Küche, z. B. Safran, Ingwer und Macisblüte für die gehobene). Langsam zum Kochen bringen und bei geringer Hitze 15 Minuten im geschlossenen Topf garen.

Das Weißbrot leicht anrösten (nicht anbrennen lassen) und mit der Leber in die kochende Brühe geben. Weitere 5 Minuten kochen. Dann die Hühnerteile mit einem Schaumlöffel aus dem Topf heben und die Brühe mit den Brotscheiben und der Leber pürieren. Die Sauce abschmecken, die Hühnerteile wieder hineinlegen und noch einmal erhitzen.

Staindl schreibt in Rezept #189, dass gekochte Hühner mit Brot und geriebenem Käse serviert wurden. Zu diesem Gericht passt aber auch ein Getreidemus gut.

Gefüllte Brathuhn

Hühner werden in den Liedern der Landsknechte oft erwähnt und wir können davon ausgehen, dass sie auch in der Realität beliebt waren. Sie wurden der Eier wegen in fast jedem ländlichen Haushalt gehalten und anders als bei Kühen oder Schweinen erforderte der Transport keine besondere Organisation. Sie auszunehmen und zu braten war mit einfachen Mitteln möglich. In zeitgenössischen Quellen ist davon die Rede, Hühner auf deutsche Art mit Ei und Fleisch oder auf welsche Art mit Kräutern zu füllen. Ein Rezept für Ersteres finden wir in der *Küchenmeisterei*:

Item willst du ein gutes Huhn sieden oder braten oder füllen, so bereite das Huhn gar schön vor und weide es aus. Und schabe die Därme aus. Und nimm den Kopf und Hals, die Leber, den Magen und alles Eingeweide und siede es in einem Kochtopf oder in einer Pfanne gar. Das hack gut mit Petersilie, schlag rohe Eier darein und würz es ab und salze es. Hack ein altes Specklein darunter und kleine Rosinen oder gebratene Birnen. Knete das wohl untereinander, das ist die Fülle.

(*Küchenmeisterei*, 2. III)

Wenn man von Rosinen und unspezifiziertem Gewürz absieht, ist das ein Rezept, nach dem auch im Feldlager gekocht werden kann.

2½ Stunden Zubereitungszeit

Zutaten

für 4 Personen

1 Brathuhn mit Eingeweiden

Salz

2–3 Birnen (wenn möglich Kochbirnen)

2 Eier

Gewürz nach Belieben

Hühner mit Eingeweiden gibt es oft tiefgekühlt, sonst auch in traditionellen Fleischereien. Man bekommt meist nur Hals, Leber, Magen und Nieren, was aber völlig ausreicht.

Den Backofen auf 150 °C vorheizen. Das Huhn waschen, trocken tupfen und innen und außen mit Salz einreiben. Die Eingeweide in gesalzenem Wasser kochen, das Fleisch von den Knochen des Halses lösen und zusammen mit den restlichen Organen hacken oder in der Küchenmaschine grob pürieren. Die Birnen vierteln, entkernen, im Backofen garen (das ist während des Vorheizens möglich) und pürieren. Zur Füllung geben, mit den Eiern verrühren und nach Geschmack würzen (Pfeffer passt gut).

Das Huhn füllen und mit Bindfaden vernähen. In einem geschlossenen Bräter 90 Minuten garen, dann den Deckel abnehmen und bei 180 °C 20–30 Minuten bräunen. Heiß servieren.

Huhn mit Kopfsalat

Es gibt mehrere Rezepte für mit Kopfsalat gekochte Hühner. Für uns ist es eine merkwürdige Vorstellung, Salat als Blattgemüse zu kochen, aber es funktioniert. Anna Wecker schreibt ausdrücklich vor, Salat mit Spinat und Mangold zusammen zu verwenden, während Maria Stengler nur Salat vorsieht. Vermutlich wurde in einfacheren Küchen jede Art Blattgemüse benutzt. Sabina Welser beschreibt die Kochtechnik:

Willst du Hühner in Kopfsalat machen, so nimm einen Topf und lege eine Handvoll Salat hinein und leg ein Hühnlein darauf, wieder eine Handvoll Salat und wieder ein Hühnlein darauf und so fort. Nimm danach gute Fleischbrühe, die feist ist, und tu einen guten Brocken Butter darein und salze und siede es, bis es genug gesotten ist. Tu ein wenig Muskatblüte daran. Man muss einen Kopfsalat nehmen und ihn vorher sauber waschen, so wird es bereitet.

(Sabina Welser, #90)

Zutaten

für 4 Personen

4 Hühnerschenkel oder Hühnerbrüste (wenn möglich von mageren, traditionellen Rassen)

1 Kopfsalat

Fleischbrühe

Muskatblüte

1–2 EL Butter (weniger, wenn das Hühnerfleisch eher fett ist)

1 Stunde Zubereitungszeit

Das Hühnerfleisch waschen und trocken tupfen. Die großen Salatblätter vom Kopf lösen, gründlich waschen und trocken schleudern. In einem hohen Kochtopf eine dicke Lage Salatblätter auf den Boden geben. Zwei Hühnerteile darauflegen, mit einer weiteren Lage Salatblätter bedecken, darauf wieder zwei Hühnerteile geben und mit den restlichen Blättern bedecken. Die Fleischbrühe in den Topf geben, Muskatblüte dazugeben und erhitzen. Bei geringer Hitze 20–30 Minuten köcheln lassen. Vor dem Servieren Butter im Topf zerlassen. Jede Portion auf einer entsprechenden Menge gekochter Salatblätter anrichten. Mit Brot servieren.

Dies Rezept funktioniert auch mit einem ganzen, zum Servieren in vier Teile geschnittenen Huhn, das Huhn muss dann aber länger gekocht werden. Ein Suppenhuhn mit Kohlgemüse oder Rübengrün entspricht wahrscheinlich eher der normalen Erfahrung der Landsknechte.

Gedämpfter Kapaun

Dies ist ein extravagantes, auf den gehobenen Geschmack ausgerichtetes Rezept, das ein Offizierskoch im Lager improvisieren konnte. Die dazu nötigen Zinnkannen waren unter Landsknechten beliebt, und die Zutaten konnte man mit genug Geld (oder Drohungen) in jeder Stadt besorgen. Malvasier oder Reinfal waren die teuersten Weinsorten, und auch die Gewürze signalisierten finanzielle Potenz. Die Technik lässt sich in einem verschlossenen Weckglas simulieren.

Gedämpfte Kapaune zu machen

Nimm einen guten Kapaun oder mehr, besteck den wohl mit Nelken, Muskatblüte, Muskatnüssen, Zimt, Ingwer und nicht viel Salz. Dann nimm eine zinnene Kanne, in die man den Kapaun tun kann, bedecke sie wohl, sodass kein Dampf davon kann, dann gieß ein Maß Malvasier oder Reinfal an den Kapaun. Setz die Kanne mit dem Kapaun in einen Kessel mit siedendem Wasser, lass sie drei oder vier Stunden darin sieden und verschließe es wohl, sodass kein Wasser darein kommt. Verstreich den Deckel mit Teig und binde ein kleines leinenes Tüchlein darum, so hast du ein gutes Essen.

(Sabina Welser, #1)

2 ½ Stunden Zubereitungszeit

Zutaten

für 4 Personen

1 Zimtstange
1 Muskatnuss
ein Stück getrocknete Ingwerwurzel
4 Hühnerschenkel
ganze Muskatblüte
ganze Gewürznelken
Salz
1 l weißer Malvasia oder anderer starker Südwein

Die Hühnerschenkel werden in zwei 1-l-Einmachgläsern mit Verschlussbügeln gegart.

Die Zimtstange in lange Splitter schneiden. Die Muskatnuss und den Ingwer vorsichtig in längliche Stücke schneiden. Die Hühnerschenkel waschen, trocken tupfen und mit einem scharfen Messer rundherum einstechen. In diese Löcher wechselweise ein Stück Zimt, Muskatnuss oder Ingwer, etwas Muskatblüte oder eine Gewürznelke stecken. In jedes Weckglas zwei Hühnerschenkel legen und etwas Salz dazugeben. Die Gläser mit dem Wein auffüllen und sorgfältig verschließen.

Die Gläser in einem Kochtopf mit Wasser stehend garen oder im Ofen auf ein tiefes Backblech stellen, 1–2 cm Wasser aufgießen und bei 200 °C 2 Stunden lang dämpfen.

Ein solches Gericht serviert man mit feinem Weißbrot und reicht dazu Wein.

Bratfisch

Frischer Fisch war Herrenspeise und im Allgemeinen wohl Offizieren vorbehalten. Auf kunstvolle Weise angerichtet zierte er festliche Tische. Eine einfachere Zubereitung war das Braten, und ein Rezept hierfür ist im *Kochbuch der Philippine Welser* überliefert. Sollte ein Fisch seinen Weg an das Kochfeuer einer Landsknechtrotte gefunden haben, könnte er so verarbeitet worden sein. Die Gewürze sind natürlich zu reduzieren.

Willst du einen guten Bratfisch machen
So nimm den Fisch und schneide ihn auf und salze ihn. Danach tue einen guten Essig daran und lass ihn eine halbe Stunde darin liegen. Danach nimm zusammen Majoran, Rosmarin, Salbei oder was du für gute Kräuter hast. Nimm auch drei Walnüsse und ein wenig Wacholderbeeren. Das alles stoß in einem Mörser. Nimm Pfeffer und Ingwerpulver und rühre es alles durcheinander und fülle es in den Fisch. Steck ihn an einen hölzernen Spieß, leg ihn auf den Rost und lass in fein kühl braten. Nimm Essig in ein Pfännlein, tu ein wenig Öl oder Butter dazu, etwas Wacholderbeeren und Pfeffer und Safran, lass es durcheinander sieden und bestreich den Fisch damit, so oft du ihn wendest, bis er gebraten ist.

(Philippine Welser, S. 105 r)

Zutaten

für 2 Personen

2 Forellen (oder andere Süßwasserfische)
Salz
250 ml Essig
6 Walnusskerne
frische Kräuter nach Belieben
Wacholderbeeren
Pfeffer
Ingwer
50 g Butter (oder 50 ml Öl)

1 Stunde Zubereitungszeit

Die Fische waschen, salzen und in einer flachen Schüssel mit 150 ml Essig begießen. 30 Minuten liegen lassen. Währenddessen die Walnusskerne, die Kräuter und einige Wacholderbeeren fein hacken. Die Füllung mit Pfeffer und Ingwer abschmecken und in die Fische füllen. Die Fische in einen offenen Bräter legen. In einem kleinen Stieltopf den restlichen Essig mit der Butter, grob gestoßenen Wacholderbeeren und Pfeffer mischen und erhitzen. Die Fische mit der Mischung bestreichen und bei 175 °C in den Ofen geben. 25 Minuten garen, dabei regelmäßig wieder bestreichen. Heiß servieren.

Stockfisch

Stockfisch, aus Skandinavien importierter, getrockneter Kabeljau, war eine der wenigen für die breite Masse erschwinglichen Fischarten. Eine Vielzahl von Rezepten ist überliefert, doch beliebt scheint er nicht gewesen zu sein. Man aß ihn in der Fastenzeit, weil andere Optionen rar waren. Balthasar Staindl beschreibt eine gängige Zubereitung:

Siede ein Stück Stockfisch so lang, wie man einen Speisefisch siedet, und nimm ihn und leg ihn in kaltes Wasser und klaub die Gräten und das Unsaubere heraus. Tu ihn in einen Topf, schneide Zwiebeln, röste sie in Schmalz und gieß das an mit den Zwiebeln. Lass ihn so lange sieden wie einen Speisefisch, mach es gelb, würz es und tu etliche Rosinen daran. Richte es auf gerösteten Brotschnitten an.

(Staindl, #129)

3 Tage Einweichzeit,
45 Minuten Kochzeit

Zutaten

für 4 Personen

500–750 g Stockfisch
Wasser
2–3 Zwiebeln
2 EL Schmalz
Safran
100 g Rosinen
Gewürze nach Belieben (z. B. Ingwer, Pfeffer und Muskatblüte)

Die Größe des Fischstückes, das benötigt wird, hängt davon ab, wie viel Haut und Gräten es enthält. Das kann bei Stockfisch stark variieren.

Den Fisch vor der Zubereitung 72 Stunden lang in Wasser einweichen, das Einweichwasser mindestens täglich wechseln. Der Fisch ist bereit, wenn sich das Fleisch noch fest, aber nicht mehr hart anfühlt.

Den eingeweichten Stockfisch in einem Kochtopf leise köchelnd garen. Nach 10–15 Minuten aus dem Wasser heben und abkühlen lassen. Das Kochwasser behalten. Fisch mit bloßen Fingern sorgfältig von Haut und Gräten befreien.

Die Zwiebeln schälen und fein hacken. Im Schmalz anbraten, bis sie leicht bräunen. Den Fisch dazugeben und mit wenig Kochwasser aufgießen. Safran im Wasser auflösen und Rosinen zugeben. Zusammen 10–15 Minuten köcheln lassen, dann mit Salz (wenn nötig) und Gewürzen abschmecken.

Dieses Rezept ist auch für die einfache Küche plausibel, wenn man die Gewürze und die Rosinen weglässt.

Semmelknödel im Magen gekocht

Im Kochbuch des Meister Hans findet sich eine Beschreibung, wie die Köche eines Fürsten ein einzelnes Kalb zu einer Vielzahl von Gerichten verarbeiten. Dabei wird auch eine Zubereitung von Brot in einem Kalbsmagen erwähnt, die an moderne Serviettenknödel erinnert und für einen Sudler sicher machbar war. In der modernen Küche ist ein Tuch praktischer.

Vnd er nimmt einen Speck und Semmelbrot, das schneidet er zu Würfeln. Nimm Eier, so viel du willst, und den Speck und das Brot darunter, und füll den Hals und den Magen und lass es schön sieden, und siede es getrennt.

(Meister Hans, #190)

Zutaten

für 4 Personen

100 g Speck

250 g trockenes, gewürfeltes Weißbrot (Knödelbrot)

4 Eier

Salz

Butter

Mehl

1½ Stunden Zubereitungszeit

Den Speck fein würfeln. Das Brot in einer Schüssel mit Speck und Eiern verkneten und mit Salz abschmecken. Ein sauberes Geschirrhandtuch ohne Löcher auf einer Arbeitsplatte ausbreiten, mit Butter bestreichen und mit Mehl bestäuben. Die Brotmasse daraufgeben, zusammendrücken und einrollen. Die Rolle an beiden Enden mit Bindfaden verschließen.

Mit einem Schaumlöffel vorsichtig in kochendes Wasser geben und 60 Minuten köcheln lassen. Nach dem Herausheben abtropfen lassen, vorsichtig auswickeln und heiß servieren.

Grünkerngrütze

Grünkern, unreif gedarrtes Getreide, ist heute als Bioprodukt in größeren Supermärkten zu bekommen. Die Technik ist alt und wird bereits in der *Küchenmeisterei* beschrieben. Besonders in bergigen Gegenden, wo die Ähren nicht immer verlässlich reif wurden, bevor die Herbstregen einsetzten, konnte sie eine Lebensversicherung sein. Bauern hielten solches Getreide auf Vorrat, und einquartierte Landsknechte dürften sich entsprechend bedient haben. Das erhaltene Rezept sieht diverse Beigaben vor, die Landsknechten recht gewesen sein dürften, wenn sie sie bekommen konnten. Speck zumindest gehörte zu den Vorräten eines gut geführten Haushalts.

Item Kornähren übers Jahr zu behalten, ob Dinkel oder Weizen, so nimm sie grün, wenn sie frisch sind, und dörr sie in einem Backofen oder an der Sonne. Bewahr sie hoch auf, wie Kirschen. Wenn du sie haben willst, so leg sie in frisches Brunnenwasser, sie kommen wieder zu ihrer Kraft. Siede sie mit jungen Hühnern oder mach sie mit kleinen Specklein und Salz oder mit Butter. Auch sind Wildvögel, die darin gesotten sind, gut und leicht verdaulich. Auch dürre Birnen aller Art kann man so aufbewahren.

(*Küchenmeisterei*, I. XLIII)

Zutaten

Beilage für 4 Personen

100 g Speck
250 g Grünkernschrot
600 ml Brühe (oder Salzwasser)
1 EL Butter

30–45 Minuten Zubereitungszeit

Speck würfeln und in einen Kochtopf mit schwerem Boden auslassen. Den Grünkernschrot kurz anschwitzen und mit der Brühe ablöschen. Aufkochen lassen, dann 5 Minuten bei gelegentlichem Umrühren köcheln. Danach bei geschlossenem Deckel auf niedrigster Hitze ausquellen lassen. Butter auf der fertigen Grütze zerlassen und umrühren.

Wenn nur ein Topf zur Verfügung steht, kann man auch Lauch oder Blattgemüse direkt mitkochen. Wenn größere Fleischteile (wie etwa ganze Hühner) mitgekocht werden sollen, muss man deutlich mehr Brühe zugeben, die Kochzeit verlängern und die übrige Flüssigkeit am Schluss abgießen.

Linsen

Hülsenfrüchte gehörten selbstverständlich auf den Tisch der einfachen Leute, aber wir finden selten Anweisungen, wie sie zu kochen sind. Balthasar Staindl hat ein Rezept für Linsen aufgeschrieben. Sie konnten eine vollwertige Mahlzeit darstellen, aber auch als Beilage gereicht werden.

Siede Linsen fein gemächlich, gib gebratene Zwiebeln dazu, mach sie sauer, würze sie, gib Rosinen dazu und gib sie auf geröstetem Brot und als Nachtessen.

(Staindl, #257)

Zutaten

Beilage für 4 Personen

200 g Tellerlinsen
Wasser
1 Zwiebel
1 TL Schmalz
Salz
Essig
Gewürze nach Belieben
(z. B. Muskatnuss und Pfeffer)
50 g Rosinen

30 Minuten Zubereitungszeit

Die Linsen über Nacht in reichlich kaltem Wasser einweichen. Dann mit der nach Volumen doppelten Menge frischem Wasser in einen Kochtopf geben. 20 Minuten köcheln lassen, dabei gelegentlich umrühren.
Währenddessen die Zwiebel schälen und fein hacken. Im Schmalz anbraten und kurz anbräunen.
Wenn die Linsen weich gekocht sind, die gebratene Zwiebel unterrühren. Mit Salz, Essig und, wenn gewünscht, Gewürzen abschmecken. In eine Servierschüssel geben und Rosinen darüber streuen.

Eine einfachere Version ohne Rosinen und Gewürze kann wie eine Suppe mit Brot gegessen werden.

Erbsbrei

Erbsbrei war eine zu Fleisch und Fisch beliebte Beilage, konnte aber auch eine eigene Mahlzeit darstellen. Er wurde aus getrockneten Erbsen bereitet, die man in Wasser oder Brühe weich kochte. Die einfachste Methode war, die geschälten Erbsen in einen Topf zu geben und zu kochen, bis sie beim Umrühren zerfielen. Wenn man die Kochflüssigkeit vorher vorsichtig abgoss, erhielt man ein festes Püree. Die anfallende Erbsbrühe wurde an Fastentagen zum Kochen benutzt. Balthasar Staindl überliefert ein detailliertes Rezept für Fleischtage:

Nimm Erbsen, die schön weiß sind, in einer Lauge. Reibe sie zwischen den Händen, dann lassen sie ihre Bälge. Wasch sie dann aus und trockne sie wieder. Wenn man Erbsenbrei machen will, so setze ein Stück Schweinefleisch auf, gieß selbige Brühe an selbige Erbsen und lass sie so weich einsieden. Treib sie durch oder, wenn man viel hat, so soll man sie in der Mühle reiben, sodass sie dickflüssig werden, und sie mit Schweinebrühe in der Dicke mischen, als wenn man Brei kochen wollte. Siede in einem schönen Topf. Wenn man es anrichtet, schneide guten Speck klein gewürfelt, röste ihn ein wenig und gib ihn in den Erbsenbrei. Leg eine Brotschnitte in die Mitte und lege ein Stück Schweinefleisch darauf. Zuweilen gießt man auch ein wenig Sahne daran.

(Staindl, #277)

Zutaten

für 4 Personen

400 g Schälerbsen
Wasser
2 l Fleischbrühe
200 g durchwachsener Speck
Salz

24 Stunden Einweichzeit, 90 Minuten Kochzeit

Die Erbsen über Nacht in Wasser einweichen. Abgießen und in der Brühe 60–90 Minuten lang weich kochen. Den Speck würfeln und anbraten.

Wenn die Erbsen weich sind, aber noch nicht zerfallen, die Brühe abgießen und die Erbsen pürieren. Mit etwas von der Brühe zur Dicke von Grießbrei anrühren und die Speckwürfel unterrühren. Mit Salz abschmecken.

Erbsbrei kann gut mit Kesselfleisch (siehe S. 71) serviert werden, wurde aber auch zu Heringen oder Wildgeflügel gereicht.

Kraut

Der Geruch von gekochtem Kohl trug bis in die Moderne das Stigma der Armut. Kohlgemüse war die Speise der einfachen Bauern und kleinen Bürger, selten in Kochbüchern erwähnt, aber allgegenwärtig. Wer etwas auf sich hielt, servierte andere Formen von Blattgemüse wie Spinat oder Mangold, die in Rezepten häufiger auftauchen. Die *Küchenmeisterei* beschreibt anschaulich, wie man dem Ruch der Armut entgegenwirken konnte:

Item von Krautgerichten die gewöhnlich gegessen werden wie Mangold, Spinat und Compost (eingelegtes Kohlgemüse), die soll man gut säubern, (in den Topf) legen und sieden und immer zuerst das Wasser gut abgießen, wenn sie halb gekocht sind. Und der Anguss des Wassers soll vorher gesalzen sein und bis an die Statt (bis zur Gare) kochen. Und will man die Blätter brühen, ist es gut, sie zu hacken, aber das Kochwasser ist zu stark und übel schmeckend, darum muss man ihnen das (Koch-)Wasser entziehen, seien sie gehackt oder ganz.

(*Küchenmeisterei*, 4. XXV)

Zutaten

Beilage für 4 Personen

750 g frischer Spinat oder Mangold (für den gehobenen Geschmack)

oder 1 kleiner Kohlkopf

Wasser

Salz oder Brühe

Schmalz oder Butter

1½ Stunden Zubereitungszeit

Die Blätter waschen und grob zerkleinern. Beim Kohl die gröbsten Teile des Strunkes entfernen. In reichlich kochendes Wasser geben und weich kochen. Spinat fällt in wenigen Minuten zusammen, während Kohl ohne Druckkochtopf eine Stunde brauchen kann. Das Kochwasser abgießen, mit frischem, gesalzenem Wasser oder Brühe auffüllen und kurz aufkochen lassen.

Einfaches Kohlgemüse wurde mit Schmalz angereichert und mit Brot gegessen. Auf besser gedeckten Tischen gab es Kraut als Beilage zu Fleisch oder Fisch. Auch Sudler gaben wahrscheinlich eine Gemüsebeilage zu jeder Fleischportion.

Rüben

Kohl und Wurzelgemüse – sprichwörtlich „Kraut und Rüben" – waren die Alltagsspeise der Armen. Jedes Bauernhaus hielt einen Vorrat, und Stadtbürger hatten oft einen kleinen Kohlgarten vor den Toren, mit dem sie ihren Bedarf deckten. Rüben und Kraut wurden gekocht und als Suppe mit Brot gegessen. Über weitere Zutaten bestimmte der Geldbeutel.

In Kochbüchern findet sich zu diesen Gerichten wenig; sie waren zu gewöhnlich und zugleich zu vielfältig, denn Rüben bezeichnete fast jede Art von Wurzelgemüse. In der *Küchenmeisterei* finden wir Anweisungen, wie mit getrockneten Rüben umzugehen ist, die besonders in den mageren Frühjahrsmonaten gegessen wurden. Das Schweinefleisch aus der Schlachtung des vergangenen Winters blieb oft ein frommer Wunsch.

Item von dürren Rüben und Steckrüben (ist es) am besten, wenn man geräuchertes Fleisch von jungen Schweinen damit siedet und sie mit Butter und Salz würzt. Das ist recht.

(*Küchenmeisterei*, 1. XLIIII)

bis zu 1 Stunde Zubereitungszeit

Zutaten

für 4 Personen

750 g Wurzelgemüse
100 g geräucherter Speck
1 EL Butter
Wasser (oder Brühe)
Salz

Pastinaken, Steckrüben, Rübchen und Karotten sind hierfür geeignet, wobei die süßen, orangefarbenen Karotten, die heute meist verkauft werden, eine moderne Züchtung sind.

Die Wurzeln putzen, schälen und in mundgerechte Stücke schneiden. Den Speck von der Schwarte lösen und würfeln. Die Butter in einem Kochtopf zerlassen, Speck und Rüben kurz anschwitzen und mit Wasser oder Brühe aufgießen, bis sie bedeckt sind. Gar kochen (je nach Wurzelart kann das 20–45 Minuten dauern) und vorsichtig mit Salz abschmecken. Wenn der Speck stark gesalzen ist, braucht es oft kein Salz mehr.

In mageren Zeiten fehlten Speck und Butter, bestenfalls kam etwas Fett aus dem Schmalztopf (siehe S. 39) dazu. War Geld vorhanden (oder ein gut bestückter Haushalt zu plündern), dürfte die Fleischmenge entsprechend größer ausgefallen sein.

Lauchgemüse mit Milch

Blattgemüse wurde viel gegessen, und es finden sich häufig Hinweise auf die Kombination von Lauch mit Mandelmilch. In einer mittelalterlichen Rezeptsammlung aus der Münchner Staatsbibliothek gibt es ein Rezept, das stattdessen einfach Milch verwendet. Sicher war das die weiter verbreitete Variante.

Nimm Lauch, Kraut und Kohl, schneide sie ein Fingerglied lang und röste sie in Schmalz an. Gieß Wasser daran und lass es aufkochen. Leg es in ein Sieb, so rinnt das Wasser davon. So leg es in einen Topf und gieß Milch daran, die mit weißem Brot durch ein Tuch geseiht wurde, und tu Schmalz daran.

(Staatsbibliothek München Cgm 384 I, #14)

Zutaten

Beilage für 4 Personen

50 g altbackenes Weißbrot (oder Paniermehl)

500 ml Milch

1 kg Lauch

Butter

Wasser

Salz

45 Minuten Zubereitungszeit

Das Brot in der Milch einweichen und pürieren oder passieren. Lauch putzen, die grünen Blätter entfernen und die weißen Stangen in 2 cm lange Stücke schneiden. Etwas Butter in einem Kochtopf zerlassen, die Lauchstücke anschwitzen und mit Wasser ablöschen. Salzen und knapp bedeckt 10 Minuten kochen lassen. Dann das Kochwasser abgießen und die Milch zugeben. Weitere 15–20 Minuten langsam köcheln lassen, dabei regelmäßig umrühren. Die Lauchstücke zerfallen dabei und die Milch wird cremig. Vorsichtig mit Salz abschmecken.

Dieses Gemüse passt besonders gut zu Huhn und Schweinefleisch.

Äpfel- oder Birnengemüse

Ausländische Besucher bemerkten häufiger überrascht, wie gerne in Deutschland mit Früchten gekocht wurde. Das Wort Gemüse bedeutet im sechzehnten Jahrhundert schlicht eine Beilage, und Äpfel oder Birnen passen gut zu Schweinefleisch. Rezepte gibt es entsprechend viele.

Item ein Mus von Birnen: Nimm einen breiten, flachen Topf, schneide Birnen hinein, die gut sind, schäl Zwiebeln und gib Wein, Salz und Schmalz dazu. Verdeck es wohl und setz es in die Glut, es verzehrt und must sich selbst. Richte es an und streu Ingwer darauf.

(*Küchenmeisterei*, 1. XLVIII)

Item ein Apfelmus mit Zwiebeln mache auch so: schneide kleine Schnitzlein, ein wenig Milch oder Wein, auch Gewürz, Salz und Schmalz, verdeck es wohl und lass es bei kleinem Feuer sieden.

(*Küchenmeisterei*, 1. XLIX)

Äpfel und Birnen gab es nicht nur frisch in der Erntesaison, sie wurden auch getrocknet. Marx Rumpolt kennt ein Rezept für Trockenäpfel:

Dürre Äpfel kocht man in lauterem Wasser, sonderlich der gemeine Mann in den Dörfern, denn er hat nicht viel Zeugs wie ein großer Herr. Da muss man sich nach der Decke strecken.

(Rumpolt, S. CXLIIII r)

Apfelgemüse

Zutaten

Beilage für 4 Personen

500 g säuerlich-aromatische Äpfel (oder Kochbirnen)
2 milde Zwiebeln
Schmalz oder Butter
125 ml trockener Weißwein (oder Milch oder Wasser)
Salz
Gewürze nach Belieben

45 Minuten Zubereitungszeit

Die Äpfel schälen, entkernen und grob schneiden. Die Zwiebeln schälen und in Ringe schneiden. Schmalz oder Butter in einem Kochtopf zerlassen und die Zwiebeln anbraten. Mit Wein ablöschen, Äpfel hinzugeben und bei geschlossenem Deckel köcheln lassen, bis die Apfelstücke zerfallen. Umrühren und mit Salz und Gewürzen abschmecken. Ingwer, Zimt, Nelken und Pfeffer passen gut.

Mus aus Trockenäpfeln

Zutaten

Beilage für 4 Personen

200 g Apfelchips
Wasser

24 Stunden Einweichzeit,
30 Minuten Kochzeit

Die Apfelchips über Nacht in Wasser einweichen. In einen Kochtopf legen, mit dem Einweichwasser aufgießen, bis sie knapp bedeckt sind, und langsam köcheln. Regelmäßig umrühren und wenn nötig Wasser nachgießen. Das Gericht ist fertig, wenn die Apfelstücke zerfallen.

Haltbare Saucen

Saucen gehörten zum Inventar der gehobenen Küche. Auf einfachen Tischen genügte meist Essig. Es ist also anzunehmen, dass die meisten der überlieferten Saucenrezepte nicht unter Landsknechten verbreitet waren. Allerdings begegnen wir in den Quellen einer Reihe von Saucen, die zur längeren Aufbewahrung oder sogar zum Mitführen auf Reisen gedacht waren. Im Gepäck eines Offizierskochs oder auch zum Verkauf auf einem Lagermarkt kann man sie sich durchaus vorstellen.

Sauerkirschsauce

Willst du eine gute Sauce aus Sauerkirschen machen, so lege sie in einen Topf und setze sie auf die Glut. Lass sie aufsieden und wieder abkühlen und streiche sie dann durch ein Tuch. Setze sie wieder auf die Glut und lass sie gut sieden. Rühre sie, bis sie andicken, und gib dann Honig, geriebenes Brot, Nelken und gute Gewürze dazu. Gib die Sauce in ein Fässchen. Sie bleibt drei oder vier Jahre gut.

(Meister Eberhard, #1)

Diese Sauce schmeckt mit frischen Sauerkirschen am besten, kann aber auch mit tiefgefrorenen oder eingemachten Kirschen zubereitet werden. Wenn gesüßte Kirschen aus dem Glas verwendet werden, braucht sie entsprechend weniger Honig. Es empfiehlt sich, die Kirschen vor dem Kochen zu entsteinen, statt die Kerne beim Passieren zu entfernen.

Zutaten

zum Vorrat

- 300–400 g Sauerkirschen, entsteint
- Honig
- Nelken
- Pfeffer, Zimt, Ingwer oder andere Gewürze nach Belieben
- 2–3 EL Paniermehl

20 Minuten Zubereitungszeit

Die Sauerkirschen pürieren oder passieren und in einem Topf aufkochen. Mit Honig süßen und mit Nelken und anderen Gewürzen abschmecken. Auf niedriger Stufe köcheln lassen und nach und nach das Paniermehl einrühren, bis die Sauce andickt.

Diese Sauce kann wie Marmelade heiß in sterilisierte Gläser gefüllt werden und hält sich viele Monate.

Knoblauchsauce

Für Knoblauchsauce braucht man etwas gesiebte Brotkrumen, in Essig eingeweicht. (Sie wird) mit magerer Fleischbrühe gut gestoßen und mit Salz und etwas Essig gewürzt. Bewahre die Sauce in einer gut verschlossenen Flasche auf, so behält sie ihre (Würz-)Kraft.

(*Küchenmeisterei*, 4. IIII)

Diese Knoblauchsauce ist einfach herzustellen und hält sich gut.

Zutaten

zum Vorrat

2 Knoblauchknollen	Salz
250 ml Fleischbrühe	Essig
4–6 EL Paniermehl	

15 Minuten Zubereitungszeit

Für die Zubereitung in einer modernen Küche ist eine Küchenmaschine gut geeignet.

Knoblauch schälen und grob hacken. Dann heiße Fleischbrühe dazugeben und pürieren. Sobald keine Stücke mehr sichtbar sind, das Paniermehl esslöffelweise dazugeben, bis die Sauce andickt. Mit Salz und Essig abschmecken.

Wie die Kirschsauce kann auch diese heiß auf Gläser gezogen werden, allerdings schmeckt sie am besten frisch. Wenn sich nach längerer Lagerung eine klare Flüssigkeit absetzt, muss man die Gläser nur schütteln.

Grüne Sauce aus Trockenkräutern

Mach eine grüne Sauce so, und bewahre sie auf
Nimm Salbei mit Zwiebeln, Petersilie und altem und jungem Sauerampfer. Pflücke die Kräuter, wasche sie und trockne sie an der Sonne. Nimm dazu Pfeffer, Galgant, Ingwer, Zimt, Anis, Koriander, Zibebenpfeffer, Nelken, Macisblüte, Paradieskörner und ein wenig artickel, das macht den Salbei schön. Dann nimm getrocknetes weißes Brot und stoß alles zu Pulver. Wenn du es essen möchtest, mische es mit Wein oder Essig an, und bewahre es auf, so lange du willst.

(Meister Hans, #81)

Was sich hinter „artickel“ verbirgt, ist unklar, das ist aber kein großes Problem für die Rekonstruktion. Wir kennen eine Reihe ähnlicher Rezepte, die sich in der Auswahl der Kräuter und Gewürze unterscheiden. Mengenangaben gibt es nirgends, Rekonstruktionen ist entsprechend große Freiheit gegeben. Ich habe mit diesem Mischungsverhältnis gute Erfahrungen gemacht:

Zutaten

Beilage für 4 Personen

6 Pfefferkörner
¼ TL Galgant
¼ TL Ingwer
1 Prise Zimt
1 Prise Anis
1 Prise Koriander
3 Gewürznelken
4 Körner Zibebenpfeffer
10 Paradieskörner
1 Blatt Macisblüte
3 TL getrocknete Petersilie
3 TL getrockneter Salbei
2 TL getrockneter Sauerampfer
2 TL getrocknete Zwiebeln
2 EL Paniermehl

30–45 Minuten Vorbereitung,
2 Minuten Zubereitung

Zuerst die Gewürze in einem Mörser oder einer Gewürzmühle zu Pulver verarbeiten. Anschließend die getrockneten Kräuter zu Pulver mörsern oder in einer Küchenmaschine bei hoher Drehzahl pulverisieren. Schließlich beide Pulver mit dem Paniermehl vermischen und weiter zerstoßen oder mahlen, bis sich ein feines, leicht grünlich getöntes Pulver ergibt. In einem Mörser erfordert das erhebliche Geduld.

Das fertige Pulver kann trocken sehr lange gelagert werden. Zum Anmischen gibt man stetig rührend Essig dazu, bis eine sämige Sauce entsteht. Salz ist im Rezept nicht vorgesehen, harmoniert aber damit. Diese grüne Sauce passt gut zu Schweinefleisch und Huhn.

Ziseindel
(Apfelsauce)

Eine würzige Sauce aus Äpfeln, mit oder ohne Zwiebeln, begegnet uns unter dem Namen Ziseindel oder Preseindel in Kochbüchern über mehr als ein Jahrhundert hinweg. Sie wurde zu Fleisch- und Fischgerichten serviert und scheint durch alle Schichten beliebt gewesen zu sein. Ziseindel ist nicht haltbar und konnte nur zubereitet werden, wenn es Äpfel gab, also normalerweise vom Herbst bis ins Frühjahr hinein. Balthasar Staindl beschreibt das Vorgehen mit der typischen Oberflächlichkeit eines Kochs, der von Selbstverständlichkeiten spricht:

Willst du ein Eingehacktes machen, so hacke die Äpfel, röste sie und mach, wie es oben steht. Von Zwiebeln macht man es auch so. Man nimmt zu Zeiten auch Äpfel und Zwiebeln untereinander. Das gibt man über Wildbret, Küchlein oder worüber du willst, magst du dieses Gescherb haben.

(Staindl, #46)

Zutaten

Beilage für 4 Personen

3 säuerlich-aromatische Äpfel
2 milde Zwiebeln
1 EL Schmalz
Essig
Zucker oder Honig
Gewürze nach Belieben

30–45 Minuten Zubereitungszeit

Die Äpfel schälen, entkernen und würfeln. Die Zwiebeln schälen und fein hacken. Schmalz in einem Stieltopf zerlassen und die Zwiebeln darin anbraten. Mit einem Schuss Essig ablöschen und weich kochen, dann die Äpfel zugeben und langsam köcheln lassen, bis sie zerfallen. Wenn nötig, esslöffelweise Wasser zugeben. Mit Zucker oder Honig und Gewürzen abschmecken (Sabina Welser empfiehlt Zimt, Ingwer und Safran).

Wenn man die Sauce nur mit Zwiebeln zubereitet, muss sie mit mehr Flüssigkeit abgelöscht werden und braucht kräftigere Gewürze wie Pfeffer und Muskatnuss.

Beerensaucen

Saucen aus Beerenobst waren besonders zu Fleisch beliebt, eine Tatsache, die ausländische Beobachter oft befremdete. Sie waren eine saisonale Delikatesse, nur in den Sommermonaten zu haben, in denen man frische Beeren sammeln konnte. Zwei kurze Rezepte finden sich in der Innsbrucker Rezepthandschrift.

Preiselbeersauce

Willst du aus Preiselbeeren eine Sauce machen, so nimm geriebenen Lebkuchen und treib es durch mit Wein oder mit Essig und stoß die Beeren davor etc.

(Innsbruck MS, #116)

10 Minuten Zubereitungszeit

Zutaten

Beilage für 4 Personen

¼ Soßenlebkuchen

50 ml Wein

200 g frische Preiselbeeren (oder ein Glas eingemachte Beeren)

Soßenlebkuchen gibt es besonders in Süddeutschland noch in gut sortierten Supermärkten. Wenn sie nicht zu haben sind, kann man 2 Esslöffel geriebenen trockenen Lebkuchen (ohne Schokoladenglasur) benutzen.

Den Lebkuchen im Wein einweichen. Die Preiselbeeren pürieren und mit dem eingeweichten Lebkuchen mischen.

Für den modernen Geschmack wird meist noch etwas Zucker benötigt. Diese Sauce passt besonders gut zu gebratenem Rindfleisch oder Wild.

Himbeersauce

Item eine Sauce aus Himbeeren: Stoß sie und treib sie durch mit Wein und würze sie, dass sie süß sind, oder nimm auch Honig darunter etc.

(Innsbruck MS, #123)

Zutaten

Beilage für 4 Personen

250 g Himbeeren

2–3 EL Weißwein

Honig

5 Minuten Zubereitungszeit

Die Himbeeren passieren und mit Wein und Honig abschmecken. Diese Sauce passt gut zu gebratenen Hühnern oder Enten, aber auch zu Käsegebäck.

Senf

Senf war ein günstiges, leicht verfügbares und beliebtes Würzmittel. Die einfachste Form wird nirgends beschrieben, da ihre Zubereitung zu vertraut war. Marx Rumpolt erwähnt nur kurz:

Brauner Senf mit lauterem Essig angemacht ist auch gut.

(Rumpolt, S. CLX r)

Dies war wohl der Senf, den Landsknechte kannten und möglicherweise auch auf Lagermärkten kaufen konnten. Senftöpfe gehörten in jede adäquat gefüllte Speisekammer. In vielen Rezeptbüchern begegnen uns zudem aber Rezepte für süßen Honigsenf mit verschiedenen Gewürzen. Aus dem fünfzehnten Jahrhundert ist auch eine Instantversion überliefert.

Zu einem guten Senf nimm Senfsamen und dörre ihn sauber und stoße ihn in einem Mörser sehr fein. Streiche ihn dann durch ein feines Tuch. [Nimm] Zimtblüte und tu sie unter den Senf und dann rühre ihn mit Honig zusammen, sodass es recht (fest) wie Wachs wird. Und wenn du (davon) willst, so nimm ein wenig von demselben und reibe ihn mit Wein, so hast du guten Senf.

(Staatsbibliothek München Cgm 384 I, #12)

Bei Sabina Welser gibt es auch ein Rezept (#34) für mit Birnenlatwerge und Zucker gesüßtem Senf, der zu Stockfisch gereicht wird. Dem Luxus waren kaum Grenzen gesetzt

10 Minuten Vorbereitung,
2 Minuten Zubereitung

Zutaten
zum Vorrat

100 g fester Honig
50 g Senfmehl
Zimtblüte
Weißwein

Den Honig im Wasserbad erwärmen, bis er flüssig wird. Senfmehl und Zimtblüte unterrühren. Wenn Zimtblüte nicht zu bekommen ist, kann auch Zimt genommen werden. In ein Schraubdeckelglas geben und erkalten lassen.

Zum Servieren einen Esslöffel der Senfmischung in einer kleinen Schale mit etwas Weißwein verrühren, bis die Mischung dickflüssig wird. Den Senf eine Weile stehen lassen. Er ist für moderne Begriffe sehr stark.

Triget

Viele Apotheker und Krämer verkauften fertige Gewürzmischungen, die unkundigen Köchen das Leben erleichterten und die manchmal auch von Reisende mitgeführt wurden, um wenig ansprechende Verpflegung zu verfeinern. Dies war sicher keine alltägliche Gewohnheit gewöhnlicher Landsknechte, aber als Luxus gewiss gelegentlich erschwinglich und für Offiziere vermutlich nicht ungewöhnlich.

Häufig in Kochbüchern erwähnt wird Triget, eine süße Gewürzmischung, die auf Mus oder Eierspeisen gegeben wurde. Balthasar Staindl überliefert ein Rezept.

Nimm zwei Lot weißen Ingwer, vier Lot Zimtröhren von den langen und ein halbes Lot Muskatblüte. Mach das zu Pulver. Nimm so viel Zucker, wie du Gewürz hast, (aber) willst du es nicht süß haben, so nimm desto weniger Zucker, oder willst du es süß haben, so nimm desto mehr. Das ist gut zu gerösteten Brotschnitten.

(Staindl, #247)

Welches Lot hier zugrunde liegt, wissen wir nicht. Maße konnten sich von Stadt zu Stadt erheblich unterscheiden. Die Proportionen sind aber eindeutig. Für eine kleinere Vorratsmenge sind es:

Zutaten
zum Vorrat

20 g gemahlener Zimt
10 g gemahlener Ingwer
3 g gemahlene Muskatblüte
30 g feiner Zucker

5 Minuten Zubereitungszeit

Die Gewürze mit dem Zucker mischen. Wenn man sie frisch mörsern will, muss man bei der Muskatblüte etwas Zucker zugeben, um das austretende Öl aufzufangen. In einer Holzdose oder einem kleinen Lederbeutel mitgeführt konnte etwas Triget Reisenden gute Dienste leisten.

Latwerge

Latwergen – von *electuarium*, etwas zum Lecken – waren eine beliebte, wenn auch teure Art, Früchte mit Zucker haltbar zu machen. Sie werden in verschiedenen Rezepten als Zutat zu Saucen erwähnt und wurden auch für sich als Süßigkeit gegessen. Für Landsknechte stellten sie sicher einen Luxus dar, aber Luxus war den Landsknechten in guten Zeiten nicht fremd. Marx Rumpolt überliefert ein Rezept für Quitten, aber es gab auch Latwergen aus Äpfeln oder Birnen.

Nimm Quitten und reibe sie, tu sie in ein Säcklein und presse sie aus. Gib (den Saft) in ein sauberes Geschirr, setz ihn auf Kohlen und lass ihn sieden. Tu die Quitten, die du klein und dünn geschnitten hast, in den Saft und lass es zusammen sieden. Nimm einen sauberen hölzernen Löffel und zerrühre die Quitten damit, bis sie dick werden. Wenn es schier eingesotten ist, so tu weißen Zucker, der geläutert ist, darein und lass es sieden, bis es dick wird. Tu es in eine saubere Schachtel. So macht man die gebrockte Latwerge.

(Rumpolt, S. CLXXXII r)

3–4 Stunden Zubereitungszeit

Zutaten

zum Vorrat

2 kg Quitten

1 kg Zucker

Saft herstellen: Die Hälfte der Quitten waschen und den Flaum auf der Schale gründlich abreiben. In grobe Stücke schneiden und in einem Topf knapp mit Wasser bedeckt zum Köcheln bringen. Wenn die Früchte weich gekocht sind, den Saft abseihen und den Rückstand in ein Geschirrtuch gewickelt vorsichtig auspressen.

Latwerge einkochen: Die andere Hälfte der Quitten waschen und schälen und das harte Kerngehäuse großzügig entfernen. In dünne Scheiben schneiden und zusammen mit dem Saft unter stetigem Rühren zum Kochen bringen. Sobald die Quittenscheiben zerfallen, den Zucker dazugeben und unter stetigem Rühren langsam köcheln lassen, bis die Masse so dick ist, dass beim Rühren kurz der Topfboden sichtbar wird. Das kann eine Stunde oder länger dauern. Heiß in Gläser oder Schalen füllen und erkalten lassen.

Würzessig

Essig war als Speisewürze verbreitet bis in die einfachsten Haushalte und wurde besonders zu Fischgerichten verwendet. Sprachlich wurde dabei nicht zwischen Weinessig, Bieressig, Fruchtweinessig und anderen sauren Würzen wie etwa Holzapfelsaft unterschieden. Was sauer war, war Essig. In der Küchenpraxis verstand man sich aber durchaus auf Qualität.

Ein guter Weißweinessig entspricht etwa dem, was man sich in der Küche des sechzehnten Jahrhunderts gewünscht hätte. Auch Apfelessig wurde verwendet. Destillierter Branntweinessig und der heute so beliebte Balsamicoessig waren nicht bekannt. Essig wurde auch mit Gewürzen und Kräutern versetzt, und Hieronymus Bock überliefert ein Rezept, in diesem Fall für Bieressig:

Temperier darunter allerhand Gewürze wir Paradieskörner, Ingwer, Pfeffer und Bertramwurzel, lass es eine Zeit in einem Gefäß stehen, das nicht zu voll ist, dann hast du guten Bieressig.

(Bock, S. LV v)

Die wenigsten werden ihren Essig noch selbst brauen wollen, aber die Gewürze kann man auch mit einem fertigen Essig verbinden. Solche Saucen hätten allerdings eher auf den Tisch von Offizieren gepasst.

Zutaten

zum Vorrat

2 cm getrocknete Ingwerwurzel
20 Pfefferkörner
40 Paradieskörner
1 EL gehackte Bertramwurzel
750 ml Weißwein- oder Bieressig

10 Minuten Zubereitungszeit

Die Ingwerwurzel in Stücke schneiden. Alle Gewürze mit dem Essig zusammen in eine Flasche geben und an einem kühlen, dunklen Ort mindestens 4 Wochen ziehen lassen.

Strauben

Die einfachste Art von Schmalzgebäck waren Strauben. Ihre Herstellung war so vertraut, dass viele Rezepte Köche anweisen, einen Teig so fest oder so glatt zu rühren „wie einen Straubenteig“. Balthasar Staindl ist unter den wenigen Autoren, die seine Herstellung beschreiben:

Nimm gutes Mehl und dann nimm Hefe, die vom Bier kommt, und gieß etwa so viel ins Mehl, wie ein Ei (groß ist). Nimm dann lauwarmes Wasser und mach einen Teig an, salze ihn, (mach ihn) so dick wie ein Vorteig, den man zu einem Brot macht. Setz ihn an, dass er aufgeht. Wenn du backen willst, nimm lauwarmes Wasser, benetze die Hände damit, nimm ein wenig Teig in die Hand, ziehe ihn auseinander und back ihn wohl in heißem Schmalz. Man kann das auch in Öl backen.

(Staindl, #215)

Strauben wurden mit den Händen auseinandergezogen, knusprig ausgebacken und heiß serviert. Der Teig konnte mit Milch oder Eiern angereichert werden, und der Varianten war kein Ende.

Zutaten

für 4 Personen

½ Würfel Hefe (oder 1 TL Trockenhefe)
125–150 ml Wasser
1 Prise Salz
250 g Mehl (Typ 550)
Fett oder Öl zum Ausbacken

1½ Stunden Zubereitungszeit

Die Hefe in einer Tasse lauwarmem Wasser auflösen und 15 Minuten ruhen lassen. Eine Prise Salz ins Mehl geben und mit dem Hefewasser verkneten. Der Teig darf kleben, aber nicht flüssig sein. Abdecken und an einem warmen, geschützten Ort 45 Minuten gehen lassen.

Zum Ausbacken mit befeuchteten Händen ein etwa tischtennisballgroßes Stück Teig aufnehmen und schnell in die Länge ziehen, dann sofort ins heiße Fett geben. Die Strauben sind in 5–7 Minuten fertig und können sofort serviert werden. Sie passen zu süßen und zu salzigen Speisen.

Krumme Krapfen

Schmalzgebäck mit Käse, ein heißer, reichhaltiger Imbiss, findet sich in vielen Formen in verschiedenen Rezeptsammlungen. Die Kombination war sehr beliebt und wurde im Nürnberger Karneval auch von Straßenhändlern verkauft. Ein Rezept in der *Küchenmeisterei* sieht vor, den Teig in lange Streifen zu schneiden und mit einer Sauce zu servieren. In einem Rezept von Sabina Welser wird Parmesankäse mit Eiern und Mehl vermischt und zu Kugeln geformt in einer Teighülle frittiert. Das *Inntalkochbuch* hält es einfacher.

Zu krummen Krapfen wie ein Hufeisen
Reibe guten Käse und nimm dazu halb so viel Mehl und schlag Eier daran, sodass es sich kneten lässt, und Gewürze. Roll es auf einer Bank aus, sodass es wie eine Wurst wird. Dann mach es krumm und back es in Schmalz.

(*Inntalkochbuch*, #5)

30 Minuten Zubereitungszeit

Zutaten

für 4 Personen

250 g geriebener Käse
125 g Mehl
2–3 Eier
Gewürze nach Belieben
Fett zum Ausbacken

Ein fester, würziger Käse wie Emmentaler oder Cheddar ist gut geeignet, aber eine milde Version kann auch mit jungem Gouda gemacht werden. Für sehr feste, trockene Käse wie Parmesan oder Pecorino kann mehr Ei nötig sein. Die Gewürze sollten auch zum Käse passen. Pfeffer und Muskatblüte harmonieren mit geschmacksintensiven Sorten, zu milden passen Nelken, Ingwer und Muskatnuss. Salzen sollte man, wenn überhaupt, nur sehr behutsam.

Aus Käse, Mehl, Eiern und Gewürzen einen festen Teig kneten. Mit bemehlten Händen zu kleinfingerdicken Würsten ausrollen und krumm biegen. In heißem Fett knusprig ausbacken und möglichst warm servieren.

Krumme Krapfen können gut in einer Pfanne mit wenig Öl ausgebacken werden, wenn man sie regelmäßig wendet. Wer es kalorienärmer mag, kann sie auch im Ofen backen, aber das steht dem Geist des Rezeptes entgegen.

Krapfen

Unter Krapfen verstand man jede Art von gefüllten Teigtaschen. Meistens wurden sie frittiert. Bei der Auswahl der Füllung waren der Fantasie wenige Grenzen gesetzt, und auch für den Teig sind verschiedene Varianten überliefert. Honig und Wein, Bier, Eier oder einfach ein Wasserteig werden in verschiedenen Quellen erwähnt. Marx Rumpolt nimmt den gleichen Hefeteig, der auch für Kuchen dient, und schlägt als Füllung Kirschsauce vor (siehe S. 113):

Mach einen Teig an mit Milch, Eiern und schönem weißem Mehl. Tu ein wenig Bierhefe daran und mache einen guten Teig, der nicht zu steif ist, und versalz ihn nicht. Setz ihn zur Wärme, dass er fein aufgeht[.]

Nimm ein solchen Teig und roll ihn aus, schlage Kirschsauce darin ein, schneide es mit einem Rädlein ab, wirf es in Butter, back es aus und gib es warm auf den Tisch. Bestreu es mit weißem Zucker, so sind es gute Krapfen von Kirschsauce. Du kannst solche Krapfen von allerlei Saucen machen.

(Rumpolt, S. CLXVIII v)

Krapfenteig

2 Stunden Zubereitungszeit

Zutaten

Hauptspeise für 4 Personen

1 Würfel Hefe (oder 2 TL Trockenhefe)

150 ml Milch

350 g Mehl (Typ 405 oder 550)

2 Eier

Mehl zum Verarbeiten

Die Hefe in der lauwarmen Milch auflösen und 10 Minuten vorgehen lassen. Mit Mehl und Eiern zu einem elastischen Teig verarbeiten, gründlich durchkneten und zugedeckt an einem warmen, geschützten Ort 45 Minuten gehen lassen. Den Teig auf einer bemehlten Arbeitsplatte ausrollen und beliebige Formen ausstechen oder ausschneiden. Meist waren es wohl einfach Kreise oder Quadrate, aber Anna Wecker schreibt auch von kunstvoll verzierten Tierformen. Je einen Löffel Füllung in die Mitte geben und die Ränder mit Wasser anfeuchten oder mit geschlagenem Ei bestreichen. Zuklappen und sorgfältig zusammendrücken. Noch einmal 10 Minuten auf einer bemehlten Fläche gehen lassen. Dabei darauf achten, dass der Teig nicht anklebt, sonst reißen die Krapfen auf. In heißem Fett 5–7 Minuten ausbacken. Man kann Krapfen auch im Ofen backen, und auch damals wurde das schon so gehandhabt. Dafür mit geschlagenem Eigelb bestreichen, dann bei 180 °C 20 Minuten backen.

Man konnte prinzipiell alles in Krapfen hineintun. Fruchtfüllungen waren sehr beliebt, etwa die allseits geschätzte Kirschsauce, aber auch Apfelfülle.

Apfelfülle

Nimm welsche Rosinen und nimm viele Äpfel darunter und stoß sie klein. Tu Gewürz dazu und füll es in die Krapfen, lass sie backen und versalz es nicht.

(Mondseer Kochbuch, #55)

Zutaten

2–3 mittelgroße, säuerlich-aromatische Äpfel

100 g Sultaninen

Zimt, Ingwer, Nelken oder andere Gewürze

eventuell Honig oder Zucker

15 Minuten Zubereitungszeit

Die Äpfel schälen, entkernen und fein würfeln. Mit den Sultaninen mischen, durchkneten und kräftig würzen. Wenn gewünscht, kann die Mischung mit Honig oder Zucker gesüßt werden, aber nach zeitgenössischer Vorstellung waren die Rosinen bereits Süßmittel genug.

Kräuterfülle

Kräuterfüllen waren ebenfalls beliebt. Sie wurden mit Eiern gebunden und manchmal mit Käse zubereitet. Die genaue Zusammensetzung lag im Belieben des Kochs und hing wohl meist davon ab, was an Zutaten zu haben war.

Willst du andere Krapfen von Eiern machen, so magst du wohl Petersilie oder roten Steinbrech und andere gute Kräuter hacken, darein tun und mit einem rohen Ei verkneten, würzen, salzen und einfüllen.

(*Küchenmeisterei*, 3. XIII)

Zutaten

1 Bund Petersilie

andere Kräuter nach Belieben
(z. B. Thymian, Majoran, Salbei, Sauerampfer oder Liebstöckel)

3-4 Eier

Salz

eventuell Pfeffer

eventuell Quark oder geriebener Käse

10 Minuten Zubereitungszeit

Alle Kräuter waschen, gründlich abtrocknen und fein hacken, aber nicht pürieren. Mit den geschlagenen Eiern verrühren und mit Salz und eventuell Pfeffer oder anderen Gewürzen abschmecken. Man kann die Fülle zusätzlich mit Quark oder geriebenem Käse anreichern. Diese Krapfen müssen gründlich ausgebacken werden, damit das Ei komplett stockt.

Fleischfülle

Auch Fleisch wurde in Krapfen gefüllt, wenn Reste zu verwerten waren. Die Anweisungen in der *Küchenmeisterei* sind etwas verwirrend, aber die Grundidee ist klar: Fleisch, Ei und Kräuter. Wichtig ist der Hinweis, dass das Fleisch gekocht sein muss. Krapfen werden nicht lang genug erhitzt, um eine rohe Fleischfülle zu garen.

[…] Aber was man mit Fleisch füllen will, jede Fleischfülle oder Fischfülle, muss vorher recht und wohl gesotten sein. Es sei Waldvogel oder Milz, Lunge, Leber oder solches kleines Fleisch, es muss wohl gehackt und wohl in einem Mörser gestoßen werden. Was als Zugabe ist von Eiern, von Birnen oder von Kalbskopf, dazu muss man Petersilie und andere wohlschmeckende Kräuter geben, von denen man zu einer Fülle nur wenig nimmt, des Geschmacks wegen. […] denn auch wenn man die Fülle macht zu Hühnern oder Tauben oder was von Fleisch ist, braucht man dazu die guten Kräuter und auch Wacholderbeeren zusammen mit Kümmel und Fenchel gestoßen. Mische das mit der Fülle zusammen mit rohen Eiern, gut zusammen geknetet, eingefüllt und wohl gebacken.

(*Küchenmeisterei*, 3. XIIII)

Zutaten

200–300 g gekochtes Fleisch

2–3 Eier

Kräuter und Gewürze nach Belieben

10 Minuten Zubereitungszeit

Das Fleisch würfeln und mit Eiern und Kräutern in einer Küchenmaschine pürieren. Salzen und würzen (zu Hühnerfleisch etwa passen, wie hier vorgeschlagen, Fenchelsamen und Kümmel). In Krapfenteig einschlagen und ausbacken.

Waffeln

Frische, heiße Waffeln verkaufen sich nicht erst seit neuester Zeit gut auf Märkten. Schon auf dem berühmten Breughel-Gemälde *Der Kampf zwischen Karneval und Fasten* ist eine Waffelbäckerin abgebildet. Eine Schüssel mit Teig, ein Waffeleisen und ein kleines Feuer, mehr brauchte sie für ihr Geschäft nicht. Auch in Landsknechtlagern dürfte es so funktioniert haben.

Ein einfaches Waffelrezept findet sich im Kochbuch der Maria Stengler. Aus mehreren parallelen Überlieferungen wissen wir sicher, dass das hier ausgelassene Mehl ein wesentlicher Bestandteil war. Andere Rezepte erwähnen zusätzlich geriebenen Käse, Sahne, Zucker, Rosenwasser oder Gewürze. Ein reichlich mit Eiern und Sahne angerührter Waffelteig war den meisten Menschen aber Luxus genug.

Waffel zu machen

Item nimm zwölf Eier, schlag sie auf, nimm eine halbe Maß süßer Milch in eine Schüssel, ungesalzene Butter dazu, misch das alles durcheinander und danach tu einen Löffel Hefe dazu. Rühr es wohl durch, setz es auf einen Ofen, lass es gehen, und dann tu es in ein Waffeleisen.

(Stengler, #88)

Zutaten

für 4 Personen

250 ml Milch (oder Sahne)

½ Würfel Backhefe (oder 1 TL Trockenhefe)

50 g Butter + etwas zum Einfetten des Waffeleisens

6 Eier

200-300 g Mehl (Typ 550)

1½ Stunden Zubereitungszeit

Die Milch leicht erwärmen und die Hefe darin verrühren. 15 Minuten stehen lassen. Die Butter schmelzen und mit der Milch und den Eiern schlagen. Mehl einrühren, bis ein zähflüssiger Teig entsteht. Zugedeckt an einem warmen Ort 30–45 Minuten gehen lassen. Möglicherweise braucht es danach weiteres Mehl oder etwas Milch, um die gewünschte Konsistenz wieder herzustellen. Der Teig muss aus einer Schöpfkelle herausfließen, darf aber nicht zerlaufen.

Ein Waffeleisen erhitzen und leicht einfetten. Besonders wenn er mit Sahne gemacht ist, braucht es nicht viel Fett, damit der Teig nicht am Eisen klebt. Mit der Schöpfkelle portionsweise ins Waffeleisen geben und goldbraun backen. Achtung: die Hefe geht auf, das Eisen nicht randvoll füllen!

Bratäpfel

Gefüllte Bratäpfel spielen die Hauptrolle in einer Eulenspiegelgeschichte und waren als Alltagsluxus sicher sehr beliebt. Die meisten Rezepte sind kompliziert, oft werden die Früchte in Teig gehüllt und in Fett ausgebacken. Till Eulenspiegel brät seine Äpfel schlicht am Feuer, wie es ein Landsknecht wohl auch getan hätte. Bei Balthasar Staindl gibt es ein relativ einfaches Bratapfelrezept, das dem zumindest nahe kommt.

So nimm gute Äpfel, nicht zu groß, die nicht sehr sauer sind. Schäle sie nicht, schneide zuerst ein Blättlein herab, (dann) höhle die Äpfel einzeln aus, doch so, dass ein Rand außen herum bleibt. Nimm ehrlich Mandeln, stoße sie und tu sie zu gehackten Äpfeln, danach Rosinen, Zimtstangenpulver, Zucker und schlage ein frisches Ei daran. Füll diese Fülle in die Äpfel und tu das Blättlein wieder darauf. Mach kleine Spieße und steck sie darein, sodass das Blättlein auf der Fülle bleibt. Dann nimm Schmalz in eine breite (Torten-)Pfanne, lass es heiß werden, tu einen Topfdeckel mit Glut darauf, so bräunt es sich hübsch. [...] Gib es zuletzt, es ist ein gutes Essen.

(Staindl, #43)

Zutaten

Nachspeise für 4 Personen

4 große, aromatische Äpfel
1 Ei
100 g Rosinen
50 g geriebene Mandeln
Zucker
Zimt
Butter

1 Stunde Zubereitungszeit

Am oberen Ende der Äpfel eine fingerdicke Scheibe abschneiden und beiseitelegen. Die Äpfel vorsichtig aushöhlen. Die Kerne und Kerngehäuse entfernen, den Rest des Fruchtfleisches fein hacken und mit Ei, Rosinen und Mandeln vermischen. Mit Zucker und Zimt abschmecken. Die Füllung auf die Äpfel verteilen, mit den abgeschnittenen Scheiben abdecken und diese mit Zahnstochern feststecken. Die Äpfel in eine gebutterte Backform geben und bei 200 °C im Ofen 30 Minuten garen. Heiß servieren.

Einfache Landsknechte dürften ihre Bratäpfel kaum mit Zucker und Mandeln gefüllt haben, aber das Grundprinzip war wohl ähnlich. Dass Bratäpfel gefüllt wurden, ist die Pointe des Eulenspiegelschwankes.

Zum Schlaftrunk

Gemeinsames Trinken, besonders unter Männern, war in allen Schichten üblich, und in verschiedenen Quellen ist davon die Rede, dass man Gästen scharf gewürzte und stark gesalzene Speisen servierte, um den Durst anzuregen. Konkrete Rezepte gibt es dafür nicht, aber Hieronymus Bock hat uns eine Beschreibung eines solchen Umtrunks hinterlassen, der mit dem Abendessen begann und sich bis tief in die Nacht fortsetzen konnte. Die Szene spielt in einem wohlhabenden Haus, aber die Speisen sind größtenteils nicht besonders luxuriös und es gibt keinen Grund anzunehmen, dass Landsknechte einer solchen Feier abgeneigt gewesen wären. Sicher waren dies aber keine alltäglichen Gelegenheiten.

... und obwohl allerhand Speis und Trank von Fleisch und Fischen aufgetragen wird, lassen sich doch etliche nicht daran genügen, sondern fangen selbst an zu kochen. Der eine will Specksuppe haben, der andere begehrt eine Sauermilchsuppe, die dritten wollen Eier im Schmalz. Etliche essen rohe Bücklinge, rohe Bratwurst und lassen ihren Hering aus der Tonne roh mit Essig und Zwiebeln hertragen, oder essen zumindest den sauren Compost aus der Kohlbütte zum Schlaftrunk. Oftmals muss der Koch Weißbrot in Butter rösten, das nennen die Zechbrüder Krammetsvögel oder auf Lateinisch scala vini, *eine gute Weinleiter.*

(*Teutsche Speißkammer*, S. CXVI)

Der moderne Betrachter sieht hier leicht eine Art kalte Platte, kleine, geschmacksintensive Bissen, die zu Wein oder Bier serviert werden. Das ist sicher keine ganz abwegige Interpretation, und wer einen Umtrunk plant, kann sich daran orientieren. Rohes Sauerkraut ist nicht jedermanns Sache, hat aber durchaus seinen Reiz. Bratwürste roh zu essen ist nicht zu empfehlen, aber frisches Brät vom Metzger ist, wie Mett, ohne großes Risiko genießbar. Eier im Schmalz (siehe S. 52) kann man genauso dazu servieren, wie wir es heute mit hart gekochten Eiern tun. Dazu Bücklinge und eine Frühform des Heringssalates.

Salzhering mit Zwiebeln

Zutaten

für 4 Personen

4 Salzheringe
1 Zwiebel
4 EL Essig

10 Minuten Zubereitungszeit

Die Heringe waschen, Kopf und Flossen entfernen und entgräten. Wenn gewünscht, in mundgerechte Stücke scheiden. Die Zwiebel fein hacken. Fische in einem tiefen Teller anrichten, die Zwiebeln darauf verteilen und mit dem Essig übergießen. 1 Stunde ziehen lassen.

Scala Vini

Zutaten

für 4 Personen

4 Scheiben Weißbrot
50 g Butter

10 Minuten Zubereitungszeit

Das Brot in ungefähr handtellergroße Stücke schneiden. Die Hälfte der Butter in einer Pfanne zerlassen, die Hälfte der Brotstücke darin anbräunen. Das Brot saugt die Butter sehr schnell auf, deshalb stetig bewegen, damit sie nicht anbrennen. Mit der anderen Hälfte genauso verfahren. Warm servieren.

Zum Weiterlesen

Eine weiterführende Literaturliste ist auf der Website von Zauberfeder zu finden: ***https://landsknechte.zauberfeder.de***

Einführende Literatur

Zum Thema Landsknechte ist in den letzten Jahrzehnten viel geforscht und geschrieben worden, aber den besten Einstieg bietet immer noch Baumann, Reinhard: *Landsknechte. Ihre Geschichte und Kultur vom späten Mittelalter bis zum Dreißigjährigen Krieg.* München, 1994. Wer tiefer schürfen will, wird schnell zu wissenschaftlicher Literatur greifen müssen.

Auch die Küche des sechzehnten Jahrhunderts ist in den letzten Jahren häufiger bearbeitet worden. Eine detaillierte Beschreibung der Esskultur mit authentischen Rezepten bietet Dapper, Alexandra: *Zu Tisch bei Martin Luther.* Halle (Saale), 2008. Auch Schubert, Ernst: *Essen und Trinken im Mittelalter.* Darmstadt, 2006 ist zum Thema lesenswert. Das Buch konzentriert sich auf das späte Mittelalter und nimmt neben der Küche auch die Erzeugung, den Handel und die Lagerung von Lebensmitteln in den Blick. Vieles blieb im sechzehnten Jahrhundert unverändert.

Eine Einordnung in den weiteren historischen Horizont bietet Heinzelmann, Ursula: *Was is(s)t Deutschland?* Wiesbaden, 2016. Zu einzelnen Aspekten gibt es eine Vielzahl von Studien, die allerdings meist nur über Universitätsbibliotheken zu bekommen sind.

Quellen

Ein großer Vorzug der Geschichte des sechzehnten Jahrhunderts ist, dass die meisten Quellen für heutige Leser ohne übermäßige Mühe zu verstehen sind. Viele kann man heute zudem digitalisiert im Internet finden, was die eigene Rezeptsuche erheblich erleichtert. Hier sollen nur einige besonders interessante Quellen vorgestellt werden.

Das früheste gedruckte Kochbuch in deutscher Sprache war die *Kuchenmaistrey (Küchenmeisterei)*, die erstmals 1486 in Nürnberg erschien und über ein Jahrhundert immer wieder Neuauflagen erlebte. Die hier gesammelten 220 Rezepte beschreiben die Küche eines wohlhabenden städtischen Haushalts. Die zweite Auflage von 1490 steht online ***(http://diglib.hab.de/inkunabeln/276-quod-2/start.htm)***.

Eine weitere einflussreiche und lesenswerte Rezeptsammlung erschien erstmals 1544 in Augsburg. Balthasar Staindls *ein sehr künstlichs und nutzlichs Kochbuch* wurde bis weit ins siebzehnte Jahrhundert hinein immer wieder aufgelegt. Seine Küche ist bürgerlich, wendet sich aber, wie alle Kochbücher der Zeit, an eine wohlhabende Kundschaft. Online ist die Auflage von 1547 zu finden ***(https://www.digitale-sammlungen.de/de/view/bsb00023833?page=,1)***.

Ebenfalls in die Jahrhundertmitte fällt ein Manuskript, das Sabina Welser aus dem Augsburger Patriziergeschlecht der Welser gehört hat. Die Rezepte sind grob thematisch geordnet, oft enthalten sie mehrere Varianten ähnlicher Gerichte. Eine moderne Edition mit Übersetzung und Kommentaren ist als Buch erschienen (Stopp, Hugo (Hg.): *Das Kochbuch der Sabina Welserin.* Heidelberg, 1980). Eine Transkription ist im Internet verfügbar ***(https://www.uni-giessen.de/fbz/fb05/germanistik/absprache/sprachverwendung/gloning/tx/sawe.htm)***.

Zwei weitere sehr interessante Manuskripte sind wohl als Kriegsverluste zu betrachten und existieren nur noch in mehr oder weniger verlässlichen Nachdrucken des neunzehnten Jahrhunderts. Eines ist das Kochbuch der Maria Stengler, einer weiteren Augsburger Patriziertochter, von 1554. (Anonym: *Augspurger Kochbuoch darinnen enthalten fürtreffliche Rezepte für Frawen und Junckfrawen.* Augsburg, 1886; online ***https://www.uni-giessen.de/fbz/fb05/germanistik/absprache/sprachverwendung/gloning/tx/stenglerin-kochbuch-1554.pdf/view)***.

Die Herkunft des sogenannten dreihundertjährigen deutschen *Klosterkochbuchs* ist noch weniger klar. Es ist wohl ein Fundstück aus einem ehemaligen Dominikanerkloster in Leipzig, doch ist heute nur noch eine Druckauflage von 1856 verfügbar, die vom Herausgeber stark modernisiert wurde (Otto, Bernhard (Hg.): *Dreihundertjähriges deutsches Kloster-Kochbuch.* Leipzig, o. J.). Neuere Nachdrucke wurden verschiedentlich produziert und sind im Buchhandel erhältlich.

In Straßburg wurde 1550 das Werk eines Arztes und Botanikers gedruckt, den die Beliebtheit der italienischen Küche zu einer patriotischen Verteidigung deutscher Essgewohnheiten bewegt hatte: Hieronymus Bocks *Teutsche*

Speißkammer enthält zwar keine Rezepte, beschreibt aber alltägliche Gewohnheiten und Lebensmittel mit einem sonst selten gefundenen Detailreichtum. Auch dieser Text steht im Internet ***(https://reader.digitale-sammlungen.de/de/fs1/object/display/bsb10981330_00001.html).***

Der Reichtum der international geprägten höfischen Küche gegen Ende des Jahrhunderts wird in Marx (nicht Max) Rumpolts *New Kochbuch* von 1581 ausgebreitet. Der Autor war einer der kulinarischen Stars seiner Zeit, Mundkoch des Mainzer Kurerzbischofs, und seine Rezepte kombinieren Weltläufigkeit und eine gute Beobachtungsgabe mit teilweise erheblichem Standesdünkel. Ein moderner Nachdruck erschien 1977 (Rumpolt, Marx: *New Kochbuch*. Frankfurt (Main), 1977), der Text ist aber inzwischen auch online zu finden ***(http://diglib.hab.de/wdb.php?dir=drucke/2-3-oec-2f).***

Eine ähnliche Breite versucht auch Frantz de Rontziers *Kunstbuch von mancherley Essen* zu erreichen. Der Koch des Herzogs zu Braunschweig und Lüneburg veröffentlichte seine Rezeptsammlung 1598. Sie ist besonders interessant, weil er zu jedem Gericht in knapper Form Varianten beschreibt. Leider ist das Werk online nicht verfügbar. Ein moderner Nachdruck kann antiquarisch oder in Bibliotheken aufgestöbert werden (de Rontzier, Frantz: *Kunstbuch von mancherley Essen*. München, 1979).

Ein Blick in die großbürgerliche Küche gibt uns Anna Weckers *Köstlich new Kochbuch* von 1597. Auch dieses Werk wurde lange wieder aufgelegt und ist besonders interessant, weil es oft das genaue Vorgehen in der Küche beschreibt. Es gibt sowohl einen modernen, kommentierten Nachdruck (Wecker, Anna: *Ein köstlich new Kochbuch von allerhand Speisen*. München, 1977) als auch ein Digitalisat online ***(https://daten.digitale-sammlungen.de/~db/0002/bsb00028737/images/)***, beides von der Amberger Auflage von 1598.

Auch wenn sie schwerer zu lesen sind, können ältere Rezeptsammlungen zur Rekonstruktion der Landsknechtküche interessant sein, denn besonders die einfache Küche war konservativ. Dazu gehört unter anderem das Rezeptbuch des Meister Hans von 1460, ein Manuskript, in dem höfische und einfache Küche bunt gemischt sind. Der Text ist ediert und übersetzt worden (Ehlert, Trude: *Maister Hannsen des von Wirtenberg koch*. Frankfurt (Main), 1996).

Ebenfalls in diese Zeit fallen drei in die gleiche Tradition gehörende Manuskripte aus Österreich, die zusammen veröffentlicht wurden. Besonders das sogenannte Innsbrucker Kochbuch ist interessant, da es vor allem einfachere Gerichte beschreibt. (Aichholzer, Doris: *„Wildu machen ain guet essen ..." Drei mittelhochdeutsche Kochbücher: Erstedition, Übersetzung, Kommentar.* Bern, 1999).

Online zu finden ist auch eine kurze Rezeptsammlung, die Meister Eberhard, dem Koch Herzogs Heinrich von Landshut zugeschrieben wird. Die Zuschreibung ist fraglich, doch finden sich eine Reihe interessanter Rezepte darin, die noch über ein Jahrhundert später beliebt waren ***(https://www.uni-giessen.de/fbz/fb05/germanistik/absprache/sprachverwendung/gloning/tx/feyl.htm).*** Auch eine handschriftliche Rezeptsammlung aus dem Inntal, die wohl vom Anfang des sechzehnten Jahrhunderts stammt und einige Milch- und Käserezepte enthält, ist im Internet transkribiert ***(https://www.uni-giessen.de/fbz/fb05/germanistik/absprache/sprachverwendung/gloning/tx/kb-dann.htm).***